高等学校应用型经济管理专业"十三五"规划精品教材
江西科技师范大学教材出版基金资助

微观经济学基础

吴光华　主编

华中科技大学出版社
http://www.hustp.com
中国·武汉

内容简介

本书介绍微观经济学的基本原理,主要阐述市场经济条件下的稀缺资源配置问题。本书共有十章,内容包括导论、供求理论、消费理论、生产理论、成本理论、完全竞争市场、不完全竞争市场、生产要素价格的决定、一般均衡理论和福利经济学、市场失灵与微观经济政策。

为适应新时代本科理论教学改革需要,本教材在编写过程中注重理论与实际相结合,突出教学实用性和可操作性,为学生提供一个独立的经济学理论体系。本教材适合作为本科院校经济与管理专业的教材,也可供相关感兴趣者参考。

图书在版编目(CIP)数据

微观经济学基础/吴光华主编. —武汉:华中科技大学出版社,2019.4(2021.1重印)
高等学校应用型经济管理专业"十三五"规划精品教材
ISBN 978-7-5680-5128-6

Ⅰ.①微… Ⅱ.①吴… Ⅲ.①微观经济学-高等学校-教材 Ⅳ.①F016

中国版本图书馆 CIP 数据核字(2019)第 062546 号

微观经济学基础 Weiguan Jingjixue Jichu	吴光华 主编

策划编辑:	陈培斌 杜 雄
责任编辑:	李文星
封面设计:	刘 婷
责任校对:	阮 敏
责任监印:	周治超
出版发行:	华中科技大学出版社(中国·武汉) 电话:(027)81321913
	武汉市东湖新技术开发区华工科技园 邮编:430223
录 排:	华中科技大学惠友文印中心
印 刷:	武汉市首壹印务有限公司
开 本:	787mm×1092mm 1/16
印 张:	9 插页:1
字 数:	229 千字
版 次:	2021 年 1 月第 1 版第 2 次印刷
定 价:	28.00 元

本书若有印装质量问题,请向出版社营销中心调换
全国免费服务热线:400-6679-118 竭诚为您服务
版权所有 侵权必究

前　言

"微观经济学"是教育部确定的经济、管理类各专业的基础课。微观经济学与宏观经济学一起提供了一套主要研究市场经济运行的理论体系和分析方法。本书以适应理论教学改革的需要为出发点，努力贴近本科教学实际，突出应用能力培养，在篇幅有限的情况下，力求在内容和形式上有所突破和创新，给学生提供一个独立的经济学理论体系，并可满足后续课程学习的需求。

本书要让学生觉得经济学不光是有用的，而且是有趣的。为此，我们在编写过程中尽量避开复杂的数学符号、公式及图表，重在培养学生对经济学的直观认知，打开其思维空间，能够理性地思考周围世界及未来发展进程。本书共有十章，主要介绍经济学的含义，微观经济学的研究对象与研究方法，依次介绍供求理论、消费理论、生产理论、成本理论、市场理论、生产要素价格论、一般均衡理论和福利经济学、市场失灵与微观经济政策等。为方便学生学习，全书各章尽量采用案例导入，以引起学生的学习兴趣和思考。每章一开始就给出"学习目标与要求"提醒学生知晓本章要义。在每章结束时，都附有小结、思考与练习，便于学生巩固学习。

本书可以作为经济、管理类专业的核心课程用书，也可以作为其他专业的选修教材，以及高等院校教师教学参考用书和相关在职人员学习提高参考用书。

本书由吴光华担任主编并负责全书的统稿工作，刘瑛、王凌洪、刘晨任副主编。陈明军、何富彩、刘兰勇、谢瑶、夏蕾、何金莲等教师参与编写。李玉保、熊青龙两位博士生对本书进行了审读，付出了辛勤汗水，深表谢意。

在编写过程中，我们借鉴、参考和引用了众多国内外作者的观点和有关文献，在此向各相关作者表示衷心感谢。由于编写水平有限，不妥之处在所难免，欢迎广大读者不吝赐教，我们将不胜感激，以便再版时进一步完善此教材。

编　者

2018年10月8日

目 录

第一章　导论 (1)
- 第一节　现代西方经济学的形成与发展 (1)
- 第二节　现代西方经济学的研究内容 (4)
- 第三节　微观经济学的研究方法 (10)

第二章　供求理论 (16)
- 第一节　需求理论 (16)
- 第二节　供给理论 (20)
- 第三节　均衡价格 (23)
- 第四节　弹性理论 (27)
- 第五节　蛛网理论 (32)

第三章　消费理论 (38)
- 第一节　效用论概述 (38)
- 第二节　无差异曲线 (41)
- 第三节　消费预算线 (44)
- 第四节　消费者均衡 (46)
- 第五节　收入和价格变化对需求量的影响 (47)
- 第六节　替代效应和收入效应 (50)

第四章　生产理论 (56)
- 第一节　厂商与生产函数 (56)
- 第二节　短期生产函数 (58)
- 第三节　长期生产函数 (62)
- 第四节　规模报酬原理 (67)

第五章　成本理论 (72)
- 第一节　成本的概念 (72)
- 第二节　短期成本曲线 (74)
- 第三节　长期成本曲线 (78)

第六章　完全竞争市场 (85)
- 第一节　市场的类型 (85)
- 第二节　完全竞争厂商的需求曲线和收益曲线 (86)
- 第三节　完全竞争厂商的短期均衡 (89)
- 第四节　完全竞争厂商和行业的长期均衡 (93)

第七章　不完全竞争市场 (97)
- 第一节　完全垄断市场 (97)
- 第二节　垄断竞争市场 (100)

第三节　寡头垄断市场 …………………………………………………………（103）
第八章　生产要素价格的决定 …………………………………………………………（109）
　　第一节　生产要素的需求与供给 ………………………………………………（109）
　　第二节　工资率、地租和利息的决定 …………………………………………（111）
　　第三节　洛伦兹曲线与基尼系数 ………………………………………………（114）
第九章　一般均衡理论和福利经济学 …………………………………………………（119）
　　第一节　一般均衡与经济学效率 ………………………………………………（119）
　　第二节　交换与生产的帕累托最优条件 ………………………………………（121）
　　第三节　社会福利函数 …………………………………………………………（123）
第十章　市场失灵与微观经济政策 ……………………………………………………（127）
　　第一节　垄断 ……………………………………………………………………（127）
　　第二节　外部影响 ………………………………………………………………（129）
　　第三节　公共物品 ………………………………………………………………（132）
　　第四节　不完全信息 ……………………………………………………………（134）
参考文献 …………………………………………………………………………………（138）

第一章 导 论

【学习目标与要求】

了解经济学的产生与发展,掌握经济学的研究对象与学科体系;掌握经济学的核心原理,理解经济学的研究方法和学科精神,明确学习经济学的意义和作用;重点掌握稀缺性、选择性、机会成本、边际量等基本概念和原理,能够解释生活中常见的基本经济问题。

经济学不能具体教人如何赚钱致富,但却关系一个民族、一个国家的致富之道,这是由于经济学是一种理念,是让人对周围世界与未来进程进行把握的一种思维框架。它不像哲学那样抽象,它所对应的是我们周围所面临的种种限制,以及经过种种努力也许能达到的若干可能性;它也不像 MBA 课程那样具有可操作性,但真正杰出的政府决策者和实业界人士的头脑里必定会有某种经济学理念,这种理念若合乎潮流,便是一个组织的大幸,乃至是一个国家的大幸。那么,我们如何去学习和掌握它呢? 首先,我们应了解该门学科的产生及其发展历程。

第一节 现代西方经济学的形成与发展

虽然在古代许多思想家研究了经济问题,但这些对经济问题的论述与哲学、政治学、伦理学等混杂在一起,经济学本身在当时并没有成为一门独立的学科。随着资本主义生产方式的产生和发展,在西欧各国逐渐形成了经济学。经济学从它产生到现在,经历了重商主义、古典经济学、新古典经济学、凯恩斯主义和马克思主义这五个阶段。

一、重商主义

重商主义是最早的资产阶级经济学说,代表商业资产阶级的利益,该学派为资本的原始积累和资本主义生产关系的确立发挥了很大作用。该学派的观点总体来说是重视金银货币的积累,认为只有通过流通才能实现这一积累,而对外贸易是一国财富增加的最好办法,为此国家应该积极地对经济活动进行干预。早期(15 世纪—16 世纪中叶)的代表人物有意大利的伽斯巴罗·斯加卢菲、法国的安东尼·德·孟克列钦、英国的马林斯等。晚期(16 世纪下半叶—17 世纪中叶)代表人物有意大利的安东尼奥·塞拉、英国的米塞尔顿和托马斯·孟、法国的让·巴蒂斯特·柯尔培尔、奥地利的霍尼克等。重商主义为以后经济理论的发展奠定了基础。

二、古典经济学

随着资本原始积累的进行，以及1640—1688年英国资产阶级革命和1789年法国大革命的爆发，17世纪中叶以后，首先在英国，然后在法国，重商主义已经不适应日益壮大的产业资本家的利益和要求，因此产生了从流通过程转向生产过程研究的古典经济学。古典经济学时期的代表人物主要有英国的亚当·斯密、大卫·李嘉图、马尔萨斯、大卫·休谟、约翰·斯图亚特·穆勒，法国的让·巴蒂斯特、塞伊、西斯蒙第等。

亚当·斯密(Adam Smith)是英国古典经济学的杰出代表和理论体系的创立者，其代表著作是1776年出版的《国民财富的性质和原因的研究》，简称《国富论》。以他为代表的古典经济学家建立了以自由放任为中心的经济学体系。他分析了自由竞争的市场机制，把它看作是一只"看不见的手"，支配着社会经济活动，反对政府干预经济生活。大卫·李嘉图(David Ricardo)是英国古典经济学的代表人物。他的代表著作是1817年出版的《政治经济学及赋税原理》，提出了以劳动价值论为基础，以分配论为中心的严谨的理论体系。

古典经济学的贡献主要体现在：把经济学的研究从流通领域转向生产领域，使经济学真正成为一门独立的科学；以研究国民财富如何增长为中心内容，确立了物质财富观；从"理性人"这一基本假设出发，论述了市场机制这只"看不见的手"在调节经济时，可以把个人利己行为引向增加国民财富和社会福利的行为，得出了自由放任的经济政策结论。

三、新古典经济学

在这一阶段，西方经济学经历了一次以边际效用学派的兴起为代表的重大变革。当时，杰文斯在英国、门格尔在奥地利、瓦尔拉斯在瑞士，依次建立了英国学派、奥地利学派和洛桑学派。这三个派别的学说并不完全一致，但它们有一个重要的共同点，即提出了边际效用价值论。到了1890年，英国剑桥大学教授阿尔弗雷德·马歇尔(Alfred Marshall)采取折中主义办法，把三个派别的边际效用论与供求论、生产费用论等结合在一起，构成了一个新的理论体系，出版了他的代表作《经济学原理》，这是经济学的第一代教科书。这一阶段的另一个最重要的代表人物是法国著名经济学家、洛桑学派创始人里昂·瓦尔拉斯(Leon Walras)，其代表作是1874年出版的《纯粹政治经济学纲要》，简称《纲要》。他用边际分析的方法，建立了一般均衡理论。

以马歇尔的理论体系和瓦尔拉斯的一般均衡理论为基础，再加上庇古、克拉克、威克斯迪特等人提出的新论点，形成了以马歇尔和瓦尔拉斯为代表，以完全竞争为前提，以"均衡价格论"为核心的相当完整的新古典经济学理论体系。

新古典经济学作为古典经济学的延续，其中心仍然是自由放任。其主要贡献有：不仅重视对生产的研究，而且转向消费和需求，明确把资源配置作为经济学研究中心，论述了价格如何使社会资源达到最优配置，力图证明以价格为中心的市场机制的完善性；以边际分析为基础，把消费-需求与生产-供给分析、竞争-垄断市场、分配理论结合在一起，建立了现代微观经济学的基本框架和内容体系。

四、凯恩斯主义

现代经济学是以 20 世纪 30 年代凯恩斯经济学的出现为标志的。这一阶段的中心是宏观经济学的形成与发展。

从 1929 年开始,持续了十年之久的经济大萧条,使西方国家遭受了严重的打击,国民收入下降了一半,失业率高达 25%。新古典经济学无法对此给予理论上的解释。

凯恩斯(John Maynard Keynes),这位在现代经济学中最有影响的经济学家于 1936 年发表了《就业、利息和货币通论》,简称《通论》,他把产量与就业水平联系起来,从总需求的角度全面分析国民收入的决定,认为失业存在的原因是有效需求不足,明确了以国民收入理论为研究中心,提出了放弃自由放任,实行国家适度干预的政策,创立了宏观经济学的基本框架和内容体系。

第二次世界大战以后,凯恩斯经济学的流行使得整个经济学的体系出现了严重的漏洞。一方面,传统的经济学以个量分析为主,根据"看不见的手"这一原理,主张实行自由放任、国家不干预经济生活的政策。另一方面,凯恩斯偏重于分析总量变量,根据他所建立的涉及总量变量的理论,市场的各种因素不能自行协调来解决失业问题,据此他主张实行国家适度干预经济生活的政策。这样,就产生了干预和反干预以及由此而造成的各种矛盾和不调和之处。鉴于此,以萨缪尔森(Paul A. Samuelson)为首的一些经济学家逐渐建立了新古典综合派的理论体系,包括了微观经济学和宏观经济学,宣称:前者是以充分就业为分析的前提,后者则着重研究各种不同水平的就业量的情况。两种理论是相辅相成的,是可以被纳入同一个体系之中的,而传统的自由放任和凯恩斯的国家干预的主张不过代表同一个理论体系所涉及的两种不同的情况。其标志是,萨缪尔森于 1946 年出版的《经济学》,包括微观经济学和宏观经济学两大部分,这是经济学的第二代教科书,时至今日仍然是主流经济学的教科书,已经更新到 19 版了。在该书出版半个世纪后,1999 年萨缪尔森专门为第 16 版中文版(按《微观经济学》和《宏观经济学》分册印刷)写序"萨缪尔森致中国读者"。新古典综合派的理论体系在第二次世界大战以后一直居于正统地位。

20 世纪 70 年代,西方社会出现的"滞胀"(即失业与通货膨胀并存)现象,给新古典综合派的理论带来了很大的冲击。因为根据新古典综合派的理论,当一个经济社会实现充分就业时,通货膨胀率应该为零;当经济社会的总产出小于充分就业的总产出水平时,不会出现通货膨胀;当经济社会的总产出超过了充分就业的总产出水平时,出现通货膨胀,失业现象消失了。这就是说,该学派的理论表明,失业和通货膨胀是不可能共存的,这一结论显然不符合存在滞胀现象的事实。此外,凯恩斯经济理论主要研究宏观经济问题,缺乏微观基础,这是凯恩斯经济理论的一大缺陷,因此,货币学派、供给学派、理性预期学派等经济自由主义流派迅速崛起。

以美国芝加哥大学经济学系教授米尔顿·弗里德曼为代表人物的现代货币主义学派是 20 世纪 50 年代中期在美国出现的,兴盛于 20 世纪 70 年代。该学派认为,只有货币政策才对产出的波动起着最大的作用,反对凯恩斯的财政政策。

供给学派是 20 世纪 70 年代后期在美国兴起的,主张经济自由主义,认为不是需求决定供给,而是供给决定需求,应该大幅度减税促进投资和消费。1981 年,里根政府曾一度按该学派理论制定经济政策,采纳他们的建议,结果滞胀更严重,所以他们的政策建议很快被放弃了。

以美国经济学家罗伯特·卢卡斯为首的理性预期学派是从货币主义学派中分离出来的,兴起于20世纪70年代。他们以更为彻底的态度拥护自由放任。到了20世纪80年代,该学派的主要思想已被西方的经济学界普遍接受。

目前,宏观经济学和微观经济学的综合已经成为西方学者的共识,从而使"综合"的字样失去了它存在的意义。很可能是出于这一原因,以萨缪尔森为代表的新古典综合派放弃了"新古典综合"的名称,把自己称为现代主流经济学。他们以现代经济学或现代主流经济学的名义,除了维持原有的基本观点之外,还尽量吸收和容纳其他派别的观点,特别是货币主义和理性预期的观点。

五、马克思主义

马克思主义政治经济学是马克思主义三大组成部分之一,也是马克思主义最主要的内容。马克思和恩格斯运用科学的世界观,深入剖析了资本主义经济运动,批判地吸取了古典经济学的科学成分,建立了科学的劳动价值论、剩余价值论、社会再生产理论,从而揭示了资本主义制度的本质及其产生、发展和灭亡的必然性,论证了人类社会经济发展的一般规律,创立了马克思主义政治经济学。它的产生不是偶然的,而是历史发展进程的必然,它是建立在资本主义运行出现的两个问题的基础上的。早期资本主义经济运行产生两大问题:一是严重的社会不平等;二是反复出现的萧条、过剩、周期性的经济危机,大量的社会财富、社会生产能力的浪费和高度的无效率等。当时,如何解决这些问题,有很多种思潮,其中一种重要的思潮就是用国家计划经济的办法来解决。也就是说,马克思从经济制度来研究早期资本主义社会,得出用社会主义把经济管起来,把社会组织起来,创造更协调的社会。人类经过这个"实验",才发现这里面有问题:一是缺乏激励机制;二是集中计划缺乏竞争机制,导致信息不完全。因此,经济学是直接源于生活,源于人类面临的资源稀缺性的两难选择。进一步说,经济学是因人类在为满足自己的需要而展开的各项经济活动中做出合理选择而形成的一门科学。

第二节 现代西方经济学的研究内容

一、研究对象

稀缺是经济生活中一个显著而普遍的现象。相对于人们不断增长的欲望或需要而言,用来满足人们欲望的物品和资源永远是稀缺的,这就是经济学中的稀缺性原理。因为稀缺,所以需要选择,而且必须做出选择。这不仅针对每个人,也同样适用于整个社会。拥有一定资源的经济主体,要对各种可能的选择集合进行权衡,比较各种选择的利弊得失,从中进行取舍。

欲望是指人们那种缺乏的感觉和求得满足的愿望,是不足之感与求足之愿的统一体。在自然和社会生活中,饥饿、干渴、寒冷、疲劳、恐惧等都可以是人们的不足之感。比如,饥饿是食品匮乏;干渴是饮水短缺;寒冷是衣衫单薄;疲劳是休息不够;恐惧是安全保障不足。在产生不足之感的同时,人们也会生成求足之愿。比如,他们可能要求用面包充饥,用可乐解渴,用皮衣御寒,用休息消除疲劳,他们也可能以保险和保安来消除恐惧。在现实生活中,人们缺乏的感觉是各种各样的,求得满足的愿望也是多种多样的,因而才构成了人们吃、喝、玩、乐等千姿百态的欲望。

按照美国著名心理学家马斯洛的划分,人的多种欲望可以分为生理需要、安全需要、社交需要、尊重需要和自我实现需要等五个层次。尽管在一定的时间和地点,人们的某种欲望会逐渐得到满足,从而其相应的不足之感和求足之愿就会减弱。但是,从根本上讲,当人们的某种欲望得到一定程度满足之后,又会产生新的欲望,即人们的欲望永远也不能得到真正完全的满足,人的欲望是无限的。比如,当人们的吃、喝、玩、乐等生理需要得到满足之后,人们就会产生安全需要;当这些低层次的需要得到满足之后,又会产生社交、尊重和自我实现等更高层次的需要。

"终日奔波只为饥,方才一饱便思衣;衣食两般皆俱足,又想娇容美貌妻;娶得美妻生下子,恨无田地少根基;买到田园多广阔,出入无船少马骑;槽头扣了骡和马,叹无官职被人欺;县丞主簿还嫌小,又要朝中挂紫衣;作了皇帝求仙术,更想登天跨鹤飞;若要世人心里足,除非南柯一梦西。"清代闲书《解人颐》中的这一首打油诗,很形象地说明了人的欲望的无限性。人类正是为了满足自己永无止境的欲望而劳作。欲望的无限性是推动社会前进的巨大动力。

人的欲望需要用资源、产品和服务来满足,当然最终还是需要用经济资源来满足。不幸的是,世界上能够用来满足人们需要的经济资源是有限的,使用这些资源生产的每一种物品都有一个有限的最大数量,远远少于人们的无限欲望对经济资源的需要。

二、机会成本和生产可能性曲线

由于人们面临权衡取舍,所以,做决策时有必要比较可供选择的行动方案的成本与收益。但是,在许多情况下,某种行动的成本并不像乍看时那么明显。

例如,当你大学毕业时,是去工作还是继续读研深造?这是一个艰难的选择。因为你的时间固定,不能两全。每种选择都有其收益和成本,怎么权衡?如果继续深造,其收益是可以预期的,比如将来会得到一个高薪又体面的工作,尽管这一点仍有风险和不确定性,但可作一期望值估计。但继续深造的成本呢?除了要缴纳学费外,较大的代价是如果去工作的话,就会有收入、有工作经历和更多的职位升迁机会。在当今就业市场非常重视工作经验的情况下,等读完研究生,也许有许多好的岗位已被占据。这就是学习深造的机会成本(opportunity cost)。机会成本是为了得到某种东西所要放弃的东西,读书有机会成本,工作也有机会成本。一般而言,应选择预期收益最高、机会成本最小的行动方案。

从一个人、一个企业到一个社会,在选择行动方案时,都要面临各种制约,主要是禀赋预算约束和时间预算约束。在既定约束条件下做选择的困境,可用生产可能性边界(production possibility frontier,PPF)来表示。为了简化起见,假定一个社会用现有的资源,在既定技术条件下只生产两类产品 X 和 Y。X 代表消费品,有 n 种,表示为 $X=(X_1, X_2, \cdots, X_n)$;Y 代表投资品,有 m 种,表示为 $Y=(Y_1, Y_2, Y_3, \cdots, Y_m)$。多生产 X 就必然少生产 Y,反之亦然。假定全部资源用来生产 X,最大产量 X_0;全部用来生产 Y,最大产量是 Y_0。在这两个极端之间,还存在着各种可能性,即通过资源从一种用途不断地转移到另一种用途,会使两种产品的数量发生此消彼长的变化。如果把不同资源配置下生产出来的 X 和 Y 各种不同产量组合的点连接起来,就得到了生产可能性曲线,如图 1-1 所示。它表明在既定的资源约束和生产技术条件下,所能达到的两种或两类产品的最大产量的组合,又叫作生产可能性边界。

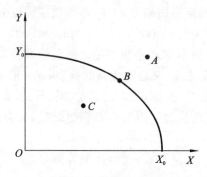

图 1-1　生产可能性曲线

我们可从以下几个方面来解读生产可能性曲线,进而理解资源配置和资源利用的含义。

(1) 由生产可能性边界包围的集合,是可供选择的方案。在图 1-1 中,C 点表示现有资源未被充分利用,即存在闲置资源,或者说资源利用效率不高,未达到潜在的最大产量。生产可能性曲线描绘的是一种理想状态,即所有资源没有闲置、高效利用和合理配置下所能达到的潜在最大产量组合。事实是,任何国家的经济都不可能达到这一理想境界,只是发达国家相对做得好一些,实际产量组合与潜在产量组合的差距小一些,而发展中国家做得相对差一些,实际产量与潜在产量的差距大一些,从而形成了国家之间在经济发展水平上的差距。

(2) 假设社会生产处于生产可能性边界上,此时社会应该选择两类产品的哪种组合呢?也就是哪一种组合比例最佳?是 B 点,抑或是其他组合点?这便是经济学要面对并回答的问题,即资源配置问题。运用生产可能性边界可以使选择具体化。

三、经济选择问题

从以上分析表明,经济学研究的是个人、厂商、政府和其他组织是如何进行选择的。这些选择又决定经济资源(包括劳动、土地、资本)如何被使用。有限的资源用于生产某些物品而放弃其他物品的生产,哪些生产的多些,哪些生产的少些,用什么样的技术来生产最为经济、合理,这些问题构成了经济学要研究和回答的基本问题。

(一) 生产什么和数量多少(what)

在过去的半个世纪里,消费发生了重要的变化,食物开支下降,医疗费用上升,这种变化的原因何在?在市场经济条件下,需求决定生产,也就是说消费者的偏好在引导厂商生产什么,生产多少。那么,厂商怎么了解消费者的偏好呢?偏好是如何显示出来的?一个简便的办法是观察价格的变动,反映供求关系的价格指示着各种商品的紧缺状况,并引导生产。

价格,不仅包含了社会成员的偏好和志趣,还体现着不同商品在生产成本上的差异,这是由资源的可得性、技术的成熟程度等因素决定的。价格的变化既反映了供求关系,又是供求关系的平衡器。

(二) 如何生产(how)

生产产品的方式往往有很多,以纺织品为例,有手工生产、机器生产、计算机控制,哪种技术会被采用?资本密集型技术还是劳动密集型技术?什么决定技术进步的速度?

成本,是决定生产方式选择的主要考量。劳动、土地、资本等要素的相对价格在不同地区和国家是不同的。因此,生产同种产品,人们会选择不同的生产技术和生产方式,关键是哪种方式能使产品以最小的成本生产出来,从而实现资源的最优配置。

(三) 为谁生产(for whom)

产品被生产出来,就出现了分配的问题。在一个社会里,谁来消费生产出来的产品?一般高收入的人得以消费更多的产品。那么,又是什么决定着收入的高低?市场的因素、政府的影响,还有运气的作用分别有多大?在经济学家看来,收入是指要素报酬,它由该要素在具有创造价值功能的生产活动中的贡献率决定。要素的占有量及其价格直接影响到人们的收入高低。

市场把产品分配给那些愿意并且能够付出最高价格的人,但人们能够支付多少取决于他们的收入高低。可能有些人的收入低到没有其他资助就无法生存的地步,需要得到政府的援助。为此,政府要向富人征税来补助穷人(二次分配),以体现全体社会成员分享经济成果的平等要求。这样又可能降低人们工作和投资的积极性,从而降低了经济活动的效率。因此,在效率和公平之间寻找适度的平衡是现代经济学的重要课题之一。

(四) 由谁做出决策,以什么程序做出决策(who makes decision)

由谁做出关于生产、消费和分配的经济决策是由社会的经济体制所决定的。在一个社会分工不发达的社会里,交换的规模很小,人们自己生产,自己消费,生产者和消费者的角色是合一的——生产主要是为了自己消费,形成自给自足的经济体制。在社会分工发达、商品交换普遍的社会里,生产者和消费者的角色是分离的——生产是为了交换。由于产权结构的差别,完全的计划经济体制和完全的市场经济体制是两个极端。前者是由一个官员体系发布命令,告诉人们生产什么,用什么样的方式生产;后者主要依赖生产者和消费者的自由交换即价格机制来决定生产什么,以什么样的方式生产以及谁来消费。处在这两极之间的经济被认为是混合经济——公众(政府)决策和私人决策混合在一起,生产者在一定限度内生产他们想要生产的东西,使用他们认为合理的生产方法,生产的产品根据消费者的收入分配给消费者。总之,经济决策在多大程度上由政府做出,在多大程度上由个人做出,由一个社会的经济体制所决定。在市场经济中,一般来说,个人在很大程度上可以决定买什么汽车,而政府在很多方面介入其中,如对进口车征收关税,规定汽车排放污染物的限度,提高汽车的安全标准等。

从经济学家对决策的关注可以看出,他们不仅关注经济学如何回答这四个基本问题,而且关注这些问题回答得好不好。他们要问:这个经济效率高吗?它可以在不减少一种物品的同时增加另一种物品吗?它可以在不损害一部分人利益的情况下使另一部分人生活得更好吗?

四、西方经济学的定义

那么,究竟什么是经济学?对初次接触经济学的读者来说,需要一个有关经济学的简短定义。我们将其归纳为:"经济学是研究人和社会对有不同用途的稀缺资源加以选择的科学,其目的是有效配置稀缺资源以生产商品和提供劳务,并在现在或将来把它们合理地分配给社会成员或集团以供消费之用。"关于这个定义有如下几个关键词。

1. 资源稀缺性是经济学分析的前提

存在资源稀缺性才有经济学,没有稀缺性也就没有经济学。某种资源或产品具有稀缺性或稀缺性程度高低,是相对于需求和供给关系而言的,而不是就其本身总量而言的。资源稀缺性通常具有比我们意识到的更大普遍性,因为经济学意义上的资源不仅指自然资源(如石油、树林、土地、水)与资本资源(如资金、机器、工厂),而且包括人力资源(劳动力以及劳动力承载或体现的知识、技能)等。

2. 选择行为是经济学分析的对象

如果任何行为都由外在因素给定,对于主体而言没有选择可能性,那么就没有经济学。简而言之,经济学是一门关于选择的科学。例如,人们必须决定用什么方式来利用他的时间,因而,人人难免需要处理经济学广泛意义上的选择问题。选择意味着在既定约束条件下,可能通过不同的行动方案来达到某种目标。

3. 资源有效配置是经济学分析的中心目标

这里的"有效"是指"有效率",而不是"有效果"。"有效果"是就事物发生了行为主体希望的变化结果而言的,它没有包含通过付出了什么代价获得这一结果的内涵。"有效率"则不仅包含结果形态,而且还要考虑获得这一结果付出的成本。"有效果"不等于"有效率"。如果机会成本过高,一个"有效果"的决策可能是缺乏效率的。由于资源具有稀缺性,而且人们具有行为选择性,因而必然会发生如何有效利用稀缺资源来增进社会财富的问题。

在这一问题上,现代经济学与苏联版政治经济学有两点重要区别。第一,苏联版政治经济学虽然也重视生产力,但其体系安排侧重点是变革生产关系,为暴力革命夺取政权提供理论基础,因此,可将其看作是"论证革命的经济学"。现代经济学则关注与研究制度改革和创新问题,但其根本着眼点是如何有效合理地利用社会拥有的稀缺资源,因此,可将其看作是"服务建设的经济学"。第二,苏联版政治经济学强调市场机制的盲目性,主张通过暴力革命打破以私有制为基础的生产关系,用中央计划配置资源体制完全取代市场调配体制,因此,可将其看作是"计划经济学"。现代经济学也肯定政府适当干预市场对于实现经济有效、公平、稳定等目标的重要性,但是其更看重市场机制的功能,强调企业、消费者等微观行为主体依据自身利益和市场信号进行分散自发的决策是市场机制的基础,认为市场机制对于有效利用稀缺资源,对于激发和保持经济的内在活力,对于增进社会财富,具有不可替代的作用,因此,可将其看作是"市场经济学"。

五、微观经济学和宏观经济学

自凯恩斯的《就业、利息和货币通论》在1936年发表之后,经济学开始被分为两个部分:

微观经济学和宏观经济学。前者着重分析经济的基本单元——消费者、生产者、资源拥有者的决策规律，以及他们在消费、生产、交换、分配等经济活动中的相互关系，后者则主要研究人类社会经济活动的总体表现。

微观经济学(microeconomics)是以单个经济主体为考察对象，研究单个经济主体的经济活动和经济行为以及相应的经济变量的单项数值如何决定的经济学分支。

微观经济学的对象是经济个体，包括单个消费者、单个厂商、单个行业、单个市场等。微观经济学主要研究单个消费者如何把有限的收入用于各种商品的消费，以获得最大效用；单个厂商如何把有限的资源用于各种商品的生产，以获取最大利润；单个市场商品价格和产量决定如何最有效率等经济个体的经济行为。

微观经济学主要研究资源配置问题。资源配置问题就是既定的社会资源如何分配于各种不同的用途的问题。也就是生产什么，生产多少，如何生产，为谁生产的问题。微观经济学通过对消费者行为和厂商行为的考察，说明在资源充分利用的条件下，价格机制通过消费者的货币投票决定生产什么，生产多少，通过厂商之间的竞争以及他们的成本收益比较决定如何生产，通过要素价格的高低决定为谁生产等问题，从而为资源的合理有效配置提供依据。

微观经济学的中心理论是价格理论。由于微观经济学着重论证市场经济体制下价格机制这只"看不见的手"在资源配置中的作用，因此，有时又称为"价格理论"。"看不见的手"的原理是亚当·斯密在《国富论》中首先提出并论证的，后来经济学家对这一原理孜孜不倦的探讨，形成了我们这里要学习的微观经济学。

微观经济学运用个量分析方法。个量分析是对单个经济单位和单个经济变量及其相互关系所做的分析。微观经济学的研究对象，决定了它必须采用个量分析方法，研究单个商品的效用、供给、需求、价格等如何决定；研究单个厂商投入、产出、成本、收益、价格、利润等如何决定；研究以上各种个量之间的相互关系。正因为如此，微观经济学才被称为"个量经济学"。

宏观经济学(macroeconomics)是以整个国民经济作为研究对象，研究经济总量的决定及其变化规律。具体来说，就是研究国民收入决定和变动，长期的经济增长和短期的经济波动，以及相关的通货膨胀、失业和国际收支等问题。宏观经济学通过经济总量的分析以期为政府制定宏观经济政策提供理论依据。

宏观经济学的基本研究方法是总量分析方法。宏观经济学在其形成之初就强调，它不是研究特定企业、特定个人的经济行为，以及特定市场的供求对比情况，而是研究所有企业、所有个人所形成的总需求与总供给的对比情况。但近年来，在宏观经济学领域出现了一种寻求宏观经济学微观基础的趋势，推崇的方法是将宏观分析建立在微观个体的基础上，来研究宏观总量的决定及其变动。在总量分析的基础上，宏观经济学还采用了其他分析方法，比如，静态分析方法、比较静态分析方法以及动态分析方法，均衡分析方法和边际分析方法，流量分析方法和存量分析方法，实证分析方法和规范分析方法，短期分析方法和长期分析方法。总之，从分析方法来看，宏观经济学的发展趋势已越来越"动态化"和"长期化"。

宏观经济学的内容包括理论分析和政策研究两部分。理论分析就是研究各经济总量的特点、影响因素及其变化规律。政策研究则是研究宏观经济政策的内容、适用条件及作用特点。理论分析是政策研究的基础与前提，政策研究则是理论分析成果的具体运用。宏观经济学一般包括国民收入核算理论、国民收入均衡理论、经济增长理论、就业理论、通货膨胀理论、经济周期理论、经济政策理论等。

微观经济学和宏观经济学的区别是明显的。

1. 研究对象不同

微观经济学的研究对象是单个经济单位,如家庭、厂商等。正如美国经济学家 J. 亨德逊(J. Henderson)所说"居民户和厂商这种单个单位的最优化行为奠定了微观经济学的基础",而宏观经济学的研究对象则是整个经济,研究整个经济的运行方式与规律,从总量上分析经济问题,正如萨缪尔森所说,宏观经济学是"根据产量、收入、价格水平和失业来分析整个经济行为"。美国经济学家 E. 夏皮罗(E. Sapiro)则强调"宏观经济学考察国民经济作为一个整体的功能"。

2. 解决的问题不同

微观经济学要解决的是资源配置问题,即生产什么,如何生产和为谁生产的问题,以实现个体效益的最大化。宏观经济学则把资源配置作为既定的前提,研究社会范围内的资源利用问题,以实现社会福利的最大化。

3. 研究方法不同

微观经济学的研究方法是个量分析,即研究经济变量的单项数值如何决定。而宏观经济学的研究方法则是总量分析,即对能够反映整个经济运行情况的经济变量的决定、变动及其相互关系进行分析。这些总量包括两类,一类是个量的总和,另一类是平均量。因此,宏观经济学又称为"总量经济学"。

4. 基本假设不同

微观经济学的基本假设是市场出清、完全理性、充分就业、完全信息,认为"看不见的手"能自由调节实现资源配置的最优化。宏观经济学则假定市场机制是不完善的,政府有能力调节经济,通过"看得见的手"纠正市场机制的缺陷。

5. 中心理论和基本内容不同

微观经济学的中心理论是价格理论,还包括消费者行为理论、生产理论、分配理论、一般均衡理论、市场理论、产权理论、福利经济学、管理理论等。宏观经济学的中心理论则是国民收入决定理论,还包括失业与通货膨胀理论、经济周期与经济增长理论、开放经济理论等。

微观经济学和宏观经济学虽然有明显的区别,但作为经济学的不同分支,共同点也是明显的:它们只是从不同角度对经济现象进行分析,采用的都是实证分析方法,即都把社会经济制度作为既定的,不涉及制度因素对经济的影响,从而与制度经济学区分开来。另一方面,微观经济学先于宏观经济学产生,发展得比较成熟,因而是宏观经济学的基础;两者互相补充,互相渗透,共同组成了经济学的基本原理。

第三节　微观经济学的研究方法

任何一门学科都有一定的研究方法。西方经济学家在研究社会经济问题时会采用多种分析手段和分析方法。下面我们主要介绍人们在研究微观经济问题中所普遍使用的几种方法。

一、规范分析和实证分析

在经济学中,经济学家除了对经济活动进行纯粹的科学描述,提供合乎逻辑的论断和预测之外,有时也对经济系统应该怎样运行发表意见并提出改进建议。这就是所谓"实证分析"和"规范分析"的区别。所谓实证分析(positive analysis)是描述经济现象"是什么"(what is)以及社会经济问题实际上是如何解决的。这种方法旨在揭示有关经济变量之间的函数关系和因果关系。用实证分析方法来研究经济问题时,首先要提出用于解释经济现象的理论,然后用事实来检验理论,并根据理论做出预测。而规范分析(normative analysis)则是研究经济活动"应该是什么"(what ought to be)以及社会经济问题应该是怎样解决的。这种方法通常是以一定的价值判断为基础的,提出某些准则作为经济理论的前提和制定政策的依据,并考察如何才能符合这些准则。

其实,在实际的经济研究中,实证分析与规范分析是无法分割的。一方面,规范分析并不能独立于实证分析。凡经济学家倡导、赞同或反对某一经济政策,其论据都来自对该政策的实证分析。尽管不同的经济学家可能强调不同的侧面,因而对政策有不同的主张,但他们的结论一般都是运用普遍接受的实证经济理论,通过对政策的社会经济效益的分析比较而得出的。另一方面,经济学家在分析、寻求经济活动的客观规律时,不可避免地受到其个人的经济地位、价值观念等的影响。毕竟,经济学家研究的是人类的活动,经济学家作为社会成员之一,很难不偏不倚,超然于经济利益之外,像研究自然科学一样客观地研究经济科学。他们的价值判断会不自觉地在实证分析中产生影响。例如,经济学家总是以效率尺度来衡量经济活动的成败得失。这就隐含着在经济学家的价值系统中,效率准则高于其他社会准则。另外,经济学家在进行实证分析时,可能不适当地强调结论。

二、静态分析、比较静态分析和动态分析

在经济分析中,按照是否考虑时间因素,均衡分析还可以分为静态分析、比较静态分析和动态分析。

静态分析(static analysis)就是完全抽象掉时间因素和经济均衡状态形成的过程,而专门分析任一时点上某一经济现象的均衡状态以及有关的经济变量处于均衡状态所必须具备的条件。例如,在需求理论中分析收入变动和需求的关系时,并不考虑一定的收入是怎样决定商品需求的,而仅考察一定的收入水平对商品需求产生的最终结果。静态分析是一种静止地孤立地分析经济问题的方法。

比较静态分析(comparative static analysis)是指当已知条件发生变化,将变化后的静态均衡结果与变化前的均衡结果进行比较分析的方法,其中还要涉及有关经济变量达到新的均衡状态时的相应变化。显然,比较静态分析只是对个别经济现象一次变动的前后以及两个或两个以上的均衡位置进行比较分析,而舍弃掉对变动过程本身的分析。简言之,"比较"静态分析,就是对经济现象一次变动后,均衡位置及经济变量变动的前后状态进行比较。在微观经济学中,无论是分析个别商品的供求均衡,还是个别商品的价格和生产的均衡状态,大都采用了以上两种方法。

动态分析(dynamic analysis)的特点在于引入了时间因素。动态分析是对所有均衡状态

向新的均衡状态变动过程的分析,其中包括分析有关经济变量在一定时间内的变化、经济变量在变动过程中的相互关系和相互制约的关系以及它们在每一时点上变动的速率等。具体来说,动态分析着重研究那些在静态分析中通常假定不变的因素(如劳动和资本数量、生产技术、消费偏好等)在时间过程发生变化时将如何影响一个经济体系的变动。动态分析要求经济变量所属的时间必须被明确地表示出来,并且认为某些经济变量在某一时点上的数值受前一时点有关变量数值的影响。这就需要把经济活动过程划分为连续的分析区间,以便考虑有关变量在相继各个时期的变动情况。在微观经济学中,蛛网理论就是动态分析的一个例证,而在宏观经济学中,动态分析常常用来研究经济增长和经济周期波动等问题。

三、均衡分析和边际分析

均衡分析(equilibrium analysis)是指在假定经济体系中的各个变量既定条件下,考察体系达到均衡时出现的情况以及实现均衡所需要的条件。

边际分析(marginal analysis)是指利用经济变量的微小的增量所带来的变化(数学中的微分)来分析经济体系实现均衡的情况以及条件的方法。

均衡(equilibrium)原是物理学上的概念,它是指同一物体由于所受各方向外力的作用正好互相抵消而处于静止状态。英国经济学家马歇尔把这一概念引入经济分析之中,其意指这样一种状态:各个经济决策主体(如消费者、厂商等)所做出的决策正好相容,并且在外界条件不变的情况下,每个人都不会愿意再调整自己的决策,从而不再改变其经济行为。举一个具体的例子,如果一种产品市场达到均衡,那么,在目前的价格下,买方和卖方的决策应该是相容的,即买方愿买的数量恰好等于卖方愿卖的数量,此时,买方和卖方均认为若改变这个数量不会给自己带来更大的好处。因此,在外界条件(比如相似产品的价格、原材料成本)改变之前,价格和数量便静止下来,达到均衡。

所谓均衡分析方法,就是假定外界诸因素(自变量)是已知的和固定不变的,然后再研究因变量达到均衡时应具备的条件。由于在现实中外界条件不断在发生变化,可能均衡是转瞬即逝的一刻,也可能永远也达不到。但在均衡分析中,我们只考察达到假想中的均衡时的情况。

均衡分析可以分为局部均衡分析(partial equilibrium analysis)和一般均衡分析(general equilibrium analysis)。局部均衡是指经济体系中单独一个消费者、一个商品市场或要素市场、一家厂商或一个行业的均衡状态。按照局部均衡分析,当考察一种商品的价格如何由市场供求两股力量的作用而达到均衡时,总是假定"其他条件不变",即假定该种商品的均衡价格只取决于商品本身的供求状况,从而排除了其他一切经济因素及其变动对该商品的影响。一般均衡是指一个经济体系中,所有市场的供给和需求同时达到均衡的状态。根据一般均衡分析,某种商品的价格不仅取决于它本身的供给和需求状况,而且还受到其他商品的价格和供求状况的影响。因此,某种商品的价格和供求的均衡,只有在所有商品的价格和供求都同时达到均衡时才能实现。

在均衡状态下,当事人的决策对个人来说,已是私人利益极大化,或者说已达到最优。那么,这种最优是如何达到的呢?这是通过边际思想来实现的。在经济学中,所谓"边际",是指一个微小的增量带来的变化,即数学中的微分的含义。如"边际效用"指的是每增加一个单位的商品消费所带来的总效用的增量,或者说是增加的最后一个单位的商品消费带来的增加的效用。从数学形式上看,假定某人的效用函数为 $U=U(X)$,这里,U 表示效用水平,X 表示该人所消费的商品数量。当商品数量由 X 变为 $X+\Delta X$ 时,该消费者所获取的效用水平便由 U 变成 $U+\Delta U$,这里的 ΔX、ΔU 作为 X、U 的增量,即为边际数量。通常,边际分析可以用两个增量的比率($\Delta U/\Delta X$)来表示。该比率有三种形式,即大于零、等于零和小于零,可反映自变量 X 增加一个单位时,因变量 U 是递增、不变或递减。

在以后各章,我们会提到许多有关边际的概念,概括起来分为两大类:一是边际收益(marginal benefit),二是边际成本(marginal cost)。前者指的是稍微增加某种经济活动所带来的增加的利益(如货币收入、满意程度等);后者则指稍微增加某种经济活动所带来的增加的成本或减少的收益。寻求利益极大化的个人总是遵循这样的边际原则:当某项经济活动(如生产、消费)的边际收益大于边际成本时,人们就会扩大这种活动;反之,则会减少这种活动,直到边际收益等于边际成本,此时的经济活动处于最优状态,也就达到了均衡。也许这段话有些抽象,但是,在读者学习了后面的有关章节后就会发现,边际分析是一种十分有用的方法。

【本章小结】

经济学最早产生于 17 世纪,经历了重商主义、古典经济学、新古典经济学、凯恩斯主义和马克思主义等发展阶段。经济学与个人、厂商以及其他组织的关系都极为密切。当前,我国正处于社会主义市场经济建设时期,辩证学习和合理借鉴现代西方经济学理论具有十分重要的意义。例如:政府在决策时越来越愿意听取经济学家的建议;一些企业也喜欢在投资决策时请经济学家判断经济风向;个人经济生活的多样性和复杂性,也使人们开始重视经济学。

经济学对人类经济活动的研究是从资源开始的,是研究人和社会对有不同用途的稀缺资源的利用加以科学选择的一门学科。由于资源具有稀缺性,因此必须合理进行配置和利用。资源的配置最终要解决的问题是经济学的三个基本问题,即生产什么、如何生产、为谁生产。

合理地使用本章介绍的经济学思考问题的方式,有助于在复杂的经济现象中做好抉择。例如:实证分析描述经济活动"是什么",以及社会经济问题实际上是如何解决的,这种方法旨在揭示有关经济变量之间的函数关系和因果关系;规范分析研究经济活动"应该是什么",以及社会经济问题应该怎样解决。这种方法通常要以一定的价值判断为基础,提出某些准则作为树立经济理论的前提和制定政策的依据,并考察如何才能符合这些准则。

【思考与练习】

一、重要概念

稀缺性 经济学 实证分析 规范分析 经济人

二、选择题

1. 经济学可定义为( )。

A. 政府对市场制度的干预

B. 消费者如何获取收入

C. 研究如何最合理地配置稀缺资源于诸多用途

D. 企业取得利润的活动

2. 从根本上讲,经济学与( )有关。

A. 政府对市场制度的干预　　　　B. 企业取得利润的活动

C. 稀缺资源的配置　　　　　　　D. 人们靠收入生活

3. 资源的稀缺性是指( )。

A. 世界上大多数人生活在贫困中

B. 相对于需求而言,资源总是不足的

C. 资源必须保留给下一代

D. 世界上的资源最终将由于生产更多的物品而耗尽

4. 经济学的研究对象是( )。

A. 资源配置　　　　　　　　　　B. 资源配置和资源利用

C. 经济体制　　　　　　　　　　D. 资源利用

5. 以下问题不是微观经济学所考察的是( )。

A. 一个厂商的产出水平　　　　　B. 消费者行为分析

C. 不发达国家的经济增长　　　　D. 某一产品的成本分析

6. 研究个别消费者与企业决策的经济学称为( )。

A. 宏观经济学　　　　　　　　　B. 微观经济学

C. 实证经济学　　　　　　　　　D. 规范经济学

7. ( )不是宏观经济学的内容。

A. 国民收入决定　　　　　　　　B. 经济周期

C. 经济增长　　　　　　　　　　D. 厂商均衡

8. 微观经济学与宏观经济学的区别在于( )。

A. 微观经济学研究个体经济行为,宏观经济学研究总体经济现象

B. 微观经济学研究厂商行为,宏观经济学研究政府行为

C. 微观经济学研究产品市场,宏观经济学研究失业问题

D. 微观经济学研究范围较小,宏观经济学研究涉猎较广

9. 下列属于实证表述的是( )。

A. 通货膨胀对经济发展有利

B. 通货膨胀对经济发展不利

C. 只有控制货币量才能抑制通货膨胀

D. 治理通货膨胀比减少失业更重要

10. 下列命题中,不是实证经济学命题的是( )。

A. 1982年8月,某银行把贴现率降到10%

B. 2003年,某国失业率超过4%

C. 某国所得税对中等收入家庭是不公平的

D. 社会保险税的课税依据现已超过3万元

三、思考题

1. 什么是经济学?

2. 为什么稀缺性存在意味着我们必须做出选择?

3. 微观经济学的研究内容有哪些?

4. 宏观经济学的研究内容有哪些?
5. 实证经济学和规范经济学的区别是什么?
6. 判断下列命题属于实证分析还是规范分析,并加以说明。
(1) 中国应该限制私人小轿车的发展。
(2) 20 世纪 70 年代世界油价暴涨主要是由垄断力量达成的。
(3) 经济发展过程中出现收入差距扩大的现象是正常的。
(4) 利率上升有利于增加储蓄。
(5) 效率就是生产率的提高。
(6) 效率比公平更重要。

第二章 供求理论

【学习目标与要求】

通过本章的学习,重点掌握需求和供给的含义、均衡价格的决定和变动、需求价格的弹性和计算以及需求弹性与总收益的关系;掌握供给定理、影响需求价格弹性的因素、供给与供给量变动的区别、均衡价格理论的运用;了解支持性价格及其影响、限制性价格及其影响和其他弹性概念的含义。

微观经济学所要解决的是资源配置问题,这一问题是通过价格机制来解决的,因此,微观经济学的核心是价格理论,而价格机制的核心是市场机制。市场机制的基本力量是供给和需求,供给和需求的变动会导致产出和价格的变动,只有理解供给和需求如何运作,才能深入理解市场经济的原理,也才是我们学习微观经济学的逻辑起点。供给和需求原理是经济学的基本理论,掌握供给与需求原理是学习经济学的前提条件。

第一节 需求理论

案例导入

美国面临的许多环境问题之一就是如何处理家庭和企业每天产生的大量垃圾。在1960年,美国平均每人丢弃的垃圾为每天2.6磅(1磅≈453.59克),之后逐渐增长为3.6磅。随着垃圾量的增多,现有的垃圾堆积场都已经被填满,要在城区附近寻找新的垃圾堆积场已经越来越困难了。

通过运用需求定理,垃圾不断增多的问题得到了缓解。1987年,宾夕法尼亚州伯卡西的居民,每人每年向市政当局交纳的垃圾收集费是120美元,当时他们每人每天丢弃的垃圾为2.2磅。由于收集费是固定的,居民如果再增加丢弃量,增加的部分就不再收费,因此对居民来说,这对减少垃圾丢弃量就没有利益驱动。

1988年,伯卡西市政当局改变了收费方法。市政当局要求所有的垃圾都装在由市政当局出售的专用垃圾袋里,未经批准的垃圾袋不得使用。例如,一只能容纳40磅垃圾的大垃圾袋收费1.5美元。因此,居民丢弃垃圾的边际成本就从0增加到每磅约4美分。另外,市政当局还实施了一项废物再利用计划。它发给每个家庭主妇一个桶,用来装废弃的罐头和瓶子,每周收集一次。此外,每月收集一次旧报纸。

结果和预料的一样,人们开始减少丢弃垃圾的行为。第一年就见效,每人每天丢弃的垃圾减少到 1 磅以下。伯卡西居民开始受益,因为他们每年可以少付 30 美元的费用,市政当局收集垃圾的成本也下降了 40%。

一、需求与需求规律

需求是指消费者在某一特定时期内,在某一价格水平上愿意并且能够购买的一定数量的物品和劳务。作为需求,要具备两个条件:第一,有购买的欲望;第二,有购买能力。两者缺一不可。例如,有关购买房子的问题,当人们想购买而无力购买的时候,就只是一种购买的欲望,而不能构成需求,或者虽然有购买能力却没有购买欲望,同样不能构成需求。

生活经验告诉我们,消费者对于任何商品的需求,受商品价格的影响很大。就单个消费者而言,商品价格高时买得少些,价格低时买得多些,是常有的事情。就整个消费者群体而言,一部分人可能因为比较富裕,也可能因为需求迫切,价格高时也要买,另一部分人却可能要待价格低一些的时候,才愿意购买或才有能力购买。所以,无论就个别消费者来说还是就消费者整体来说,对商品的需求,都表现出价格越高需求量越小,价格越低需求量越大的规律,价格与需求量之间这种呈反向变动的关系,被称为"需求规律"。

二、需求的表示方法

1. 需求表

表 2-1 表示消费者在不同价格水平下对某商品的需求量。这种表明商品的价格与需求量之间关系的表称为需求表。

表 2-1 中列示了在每一个价格水平上,消费者购买商品的数量。例如,在每件为 6 元时,需求量为 2 000 件。在价格下降时,购买的数量会增多。例如,在每件价格为 5 元时,需求量为 3 000 件;在价格降低为 3 元时,需求量为 5 000 件。

表 2-1 需求表

单位价格(元)	需求量(件)
6	2 000
5	3 000
4	4 000
3	5 000
2	5 500
1	6 000

2. 需求曲线

从图 2-1 中可以看出,需求曲线是一条从左上方向右下方倾斜的曲线,这表明价格与需求量之间存在着反方向变动的关系。为什么需求曲线总是向下倾斜呢?一方面是因为"收入效应",即价格的变化导致消费者实际收入的变化,从而引起需求量的变化。商品价格上升意味着实际收入的减少,导致这种商品需求量下降;商品价格下降意味着实际收入的增

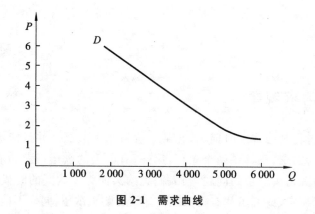

图 2-1　需求曲线

加,导致这种商品需求量上升。另一方面是"替代效应",即当一种商品价格提高时,人们用类似的物品去替代。

三、影响需求的因素

需求表和需求曲线表示的是商品的价格和需求量的关系,是将价格视为影响需求量的唯一因素。但实际上,还有其他众多的因素影响需求。

1. 消费者的收入

消费者收入愈高,消费者对一定价格条件下的某种商品需求量就愈大。这种需求与收入为正相关函数的商品称为正常商品。另外,对某些粗劣消费品的需求会随着收入的增加而减少。这种需求与收入呈负相关关系的函数的商品称为低档商品。

2. 相关商品的价格

相关商品包括替代品和互补品。替代品是指具有相同功能和用途的物品,如牛肉和鸡肉。由于物品之间相互替代,当一种商品价格提高,而另一种替代品价格保持不变时,消费者就会减少对该物品的需求量而增加对价格不变的另一种物品的需求量。如牛肉的价格提高而鸡肉的价格不变时,消费者会减少对牛肉的需求量,增加对鸡肉的需求量。互补品是相互补充才能使用的商品,如汽车和汽油。互补品之间存在相互依存的关系,一种商品的价格上升,其需求量下降,会导致另一种商品的需求量也随之下降。反之亦然。例如,汽油价格下降会增加汽车的需求量。

3. 消费者的消费偏好

如果消费者对某一商品的偏好,或者说对它的兴趣和喜好程度发生了变化,那么,对这类商品的需求量自然会产生同方向的变化。消费者的这种爱好或偏好,在一定程度上支配着他对消费品的选择。当然,这种偏好也不是一成不变的,随着外界条件的改变也会逐步变化。

4. 对未来价格的预期

如果人们预期价格还会进一步上涨,这种预期就会刺激人们提前购买。反之,则会推迟购买。在预期心理作用下,即使价格不变,需求也会骤然增大或缩小。

5. 消费者的货币储蓄倾向

在收入水平一定的条件下,消费者用于储蓄的比重增大,用于现期消费的比重就会减少;反之,用于现期消费的比重会增加。随着我国改革的深入,原来许多属于福利分配的范畴,如住房、医疗等,将逐步走向商品化。为适应这种变化,人们将增加储蓄在收入中的比重,这在一定程度上会影响人们的现期消费的扩大。

影响商品需求量的因素还有很多,例如,人口增减、国民收入分配状况等。

由此可见,商品需求的变化要受多种因素的影响,其中有客观的物质因素,也有主观的心理因素,甚至还有政治、社会风尚等因素。

如果把影响需求的因素作为自变量,把需求作为因变量,则可以用函数关系来表示影响需求的因素与需求量的关系,这种函数就是需求函数。用 D 代表需求,$a,b,c,d,\cdots,n$ 代表影响需求的因素,则需求函数为

$$D = f(a,b,c,d,\cdots,n)$$

如果假定其他因素不变,只考虑商品本身的价格与对该商品的需求的关系,并以 P 代表价格,则需求函数为

$$D = f(P)$$

四、需求量的变动与需求的变动

前面我们讲的需求曲线,是指商品的需求随价格变化而变化的曲线。进一步分析需求的变化,将其区分为需求量的变化和需求水平的变化。需求量的变化是指在决定需求的其他因素,如消费者的收入、相关商品的价格、偏好等不变的情况下,只是由于商品本身的价格变化所引起的对该商品需求的变化,在需求曲线上,是在同一条需求曲线上的移动,如图 2-2 所示,从 A 点移动到 B 点,价格从 P_1 下降到 P_2,需求量从 Q_1 增加到 Q_2。

需求水平的变化或需求状况的变化是指在商品本身的价格保持不变的情况下,由于其他因素,如消费者收入等所引起的需求的变化。在需求曲线上,不是在同一条曲线上的移动,而是整条需求曲线的移动,左移或右移,如图 2-3 所示,当消费者的收入降低或提高时,需求曲线左移至 D_1 或右移至 D_3,需求量减少到 Q_1 或增加到 Q_3。

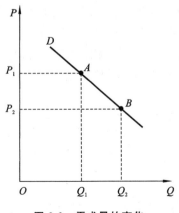

图 2-2 需求量的变化

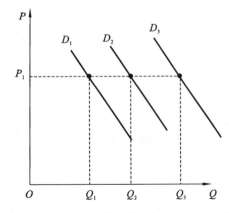

图 2-3 需求水平的变化

第二节 供给理论

 案例导入

4天严重的霜冻使美国加州一年的柑橘收成减少三分之一以上,导致50多亿美元的损失。另外,从阿拉斯加海湾吹来的寒冷干燥的空气使温度从周日开始降到冰点以下——今天早晨富饶的中部谷地温度最高为10 °F,下降了20 °F——这是自1990年10天的霜冻以来最严重的寒流。农民发疯般地与风竞赛,灌溉机连夜工作使柑橘树保温,但官方宣布谷地几乎全面受损,并说也许要损失全州一半的柑橘……加州种植了全国将近80%直接作为水果食用的橘子,以及90%的柠檬,而且批发商说,在此后几天中橘子的零售价格会上涨2倍。柠檬的价格肯定也要上升,但橘子汁的价格不会受很大影响,因为榨汁的橘子生长在佛罗里达州。在加州一些市场上,批发商报告说,周三本地橘子的价格已从一磅35美分上涨到90美分。

一、供给与供给规律

所谓供给,是指生产者在某一特定时期内,在每一价格水平上愿意并且能够出售的商品或劳务的数量。供给同样包含着两个密不可分的条件:生产者出售的愿望和具有的供给能力。例如,面包、可乐的供给量同时表示的是在每一个价位上面包、可乐的销售量。

由于管理水平、技术水平和经济环境的差异,即便是生产同样的商品,不同的厂家也可能需要不同的成本。当这种商品的市场价格比较高的时候,众多厂商都愿意生产和销售这种商品。相反,如果这种商品的市场价格比较低,有些厂商就会面临价不抵本的局面,不得不退出市场;有些厂商虽说还不至于价不抵本,但是觉得利润太薄,失去激励,也会退出市场。即使局限于一家,也有价格高则供给量大的倾向。例如,某人是一栋公寓的房主,他自己也住在这栋公寓里。市场公寓租价较低时,他宁愿自家住得宽敞一些。市场公寓租价很高时,他也可能乐于自家挤一点,多向市场提供几间客房,趁价高多收取一些租金。所以无论就生产某种商品的个别厂商还是生产这种商品的整个行业来说,对商品的供给,都表现出价格越低供给量越小,价格越高供给量越大的规律。这种价格与供给量之间呈正向变动的关系称为"供给规律"。

二、供给的表示方法

1. 供给表

可以把上述供给量与单位价格之间的正向关系用表2-2来表示。这种表明商品的价格与供给量之间关系的表称为供给表。

表 2-2 供给表

单位价格(元)	供给量(件)
6	7 000
5	6 500
4	6 000
3	5 000
2	4 000
1	3 000

表 2-2 中列示了在每一价格水平上,生产者供应某商品的数量。例如,在每件为 2 元时,供给量为 4 000 件;当价格上升到每件为 4 元时,供给量增加为 6 000 件。

2. 供给曲线

将供给表用图形表示出来就是供给曲线,图 2-4 中横轴表示商品的供给量,纵轴表示商品的价格,SS_0 表示商品的供给曲线。供给曲线就是根据供给表所画出的表示价格与需求量关系的曲线。

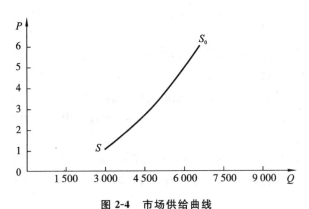

图 2-4 市场供给曲线

从图 2-4 中可以看出,供给曲线是一条从左下方向右上方倾斜的曲线,为什么供给曲线总是向上倾斜呢?一是因为较高的价格意味着较多的利润,厂商会增加供给;反之,价格下降,利润下降,厂商会减少供给。二是在一定的技术和生产规模条件下,产量达到一定程度以后收益会递减。例如,消费者钟情于无公害蔬菜,这就会促使更多的劳动投入无公害蔬菜的生产中。但是,土地资源是有限的,在此情况下,新增的每一单位劳动所增加的产量是递减的。因此,为刺激产量增加就必须使价格上涨,只有提高产品的价格,才能诱导生产者生产并出售更多的产品。

三、影响供给的因素

除了商品本身的价格外,影响商品供给数量的因素还有以下几个方面。

1. 厂商的目标

厂商经营的目标不同,对供应的影响也不同。若厂商以扩大市场占有率为目标,即使价格不变,也会努力扩大产量,增加供应,以提高本企业的市场占有率;若厂商以获取短期高额利润为目标,则势必控制产量,限量供应,以维持高价。

2. 生产成本的变化

一般来说,生产成本呈下降趋势的产品,供应量会增加。因为成本的下降使利润增大,这不仅会刺激原有生产者增加产量,而且还会刺激其他投资者投资于该产品的生产。反之,生产成本呈上升趋势的产品,在价格不变的情况下,供应量会减少。

3. 生产技术水平

生产技术进步,意味着劳动生产率提高,单位产品成本下降,在商品售价不变的情况下,会给厂商带来更多的利润。因此,生产技术越进步,厂商一般就越愿意并能够提供更多的商品。

4. 相关商品的价格

与消费领域的商品有互替作用一样,生产领域的商品也有互替作用。比如1公顷土地,可以种植咖啡,也可以种植可可。如果咖啡的价格上涨,农场主自然愿意把种植可可的土地转向种植咖啡,于是可可生产缩减,供应相对减少。

5. 厂商对未来价格的预期

如果某种商品的行情看涨,厂商就会减少现在的供应量,等待行情上涨后增加供给;如果此种商品的行情看跌,厂商就会把现有的存货尽快抛售出去,从而增加现在的供给。

能够影响供给量的其他因素还有很多,例如,天气的影响(农作物最为明显)、新资源的开发或旧资源的枯竭等,都会给供给带来巨大的影响。

如果把影响供给的因素作为自变量,把供给作为因变量,则可以用函数关系来表示影响供给的因素与供给量之间的关系,这种函数就是供给函数。用 S 代表供给,用 $a, b, c, d, \cdots, n$ 代表影响供给的因素,则供给函数为

$$S = f(a, b, c, d, \cdots, n)$$

如果假定其他因素不变,只考虑商品本身的价格与该商品供给量的关系,并以 P 代表价格,则供给函数为

$$S = f(P)$$

四、供给量的变动与供给变动

上面讲的供给曲线是指商品的供给量随价格的变化而变化的曲线。实际上,可以将供给的变化区分为供给量的变化和供给水平的变化。

供给量的变化是指在决定供给量的其他因素,如生产成本、要素价格、技术进步保持不变的情况下,只是由于商品本身价格变动所引起的该商品供给的变化,在供给曲线上是沿着同一条曲线的变动,如图 2-5 中,从 A 点移动到 B 点,价格从 P_1 上升至 P_2,供给量从 Q_1 增加至 Q_2。

供给水平的变化是指在商品的本身价格保持不变的情况下,由于如生产成本等的变化所引起的供给变化。在供给曲线上,不是沿着曲线的移动,而是整条曲线的移动,如图 2-6 所示。当生产成本升高或降低时,供给曲线左移至 S_1 或右移至 S_3,供给量减至 Q_1 或增至 Q_3。

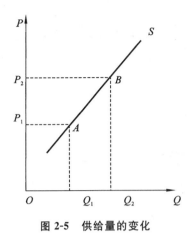

图 2-5　供给量的变化

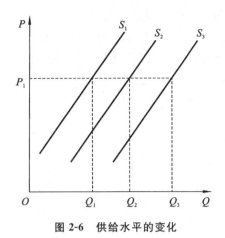

图 2-6　供给水平的变化

第三节　均衡价格

 案例导入

在四川成都,有关部门曾经规定电影票的价格最低不得少于 10 元。这就是我们所说的价格下限。四川峨眉电影发行放映院线有限责任公司在 2000 年 11 月初首先突破价格下限,把进口大片《完美风暴》的票价降为 5 元,此事在四川以至全国引起了激烈的争论,成为媒体关注的热点。长期以来,电影的价格完全由有关部门决定,发行公司和电影院不得自行调整价格。当有关部门把价格下限调整为 10 元时,电影院遭冷落,观众人数直线下降,由数年前的十几亿人次下降到不足 5 亿人次。这就造成电影院供给过剩,30% 以上的电影院赔钱。价格下限并没有减少供给,却减少了需求,供给过剩将是必然的。没人去看电影,影院当然要赔了。四川峨眉电影发行放映院线有限责任公司大胆把票价降至 5 元,观众人数大大增加,场场爆满,影院也赢利。可见,在这种情况下取消价格下限是有利的。

一、均衡价格的决定

1. 均衡价格的概念

均衡是物理学中的名词。当一物体同时受到方向相反的两个外力的作用,而这两种力量恰好相等时,该物体由于受力相等而处于静止的状态,这种状态就是均衡。均衡价格论认为,在价格问题上也存在这样一种相反力量,即在一个市场内,买方和卖方对某一商品的要求和控制的程度及能力,或者说存在需求与供给两种力量,这两种力量相互冲击和制约,分别影响与推动需求价格与供给价格的变动。

当供求双方力量达到均势时,所形成的价格便是均衡价格。也就是说,均衡价格是一种商品的需求价格与供给价格相一致时的价格,表现在直角坐标系上,就是这种商品的市场需求曲线与供给曲线相交时的价格。

如图 2-7 所示,需求曲线 DD' 与供给曲线 SS' 的交点 E 为均衡点,其所对应的价格 P_0 为均衡价格,所对应的数量 Q_0 为均衡数量。

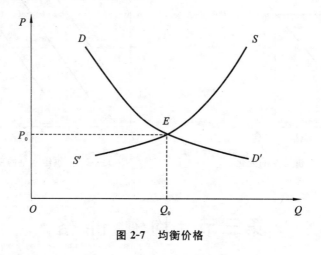

图 2-7　均衡价格

2. 均衡价格的形成

西方经济学家认为,均衡价格是在完全自由竞争的条件下,通过市场供求的自发调节而形成的。下面我们以图 2-8 来说明均衡价格的形成。在图 2-8 中,横轴表示商品数量,纵轴表示商品价格,DD' 和 SS' 分别表示商品需求曲线和供给曲线。当价格为 P_1 时,商品的供给量为 Q_{1s},而需求量仅为 Q_{1d},即供给大于需求($Q_{1s}>Q_{1d}$),因此,价格会自动下降;当价格为 P_2 时,商品的供给量为 Q_{2s},而需求量为 Q_{2d},即供给小于需求($Q_{2s}<Q_{2d}$),于是价格又会上升。这样,价格经过上下波动,最后会趋向于商品的供给量和需求量都为 Q_e,从而使价格达到 P_e,即形成均衡价格。

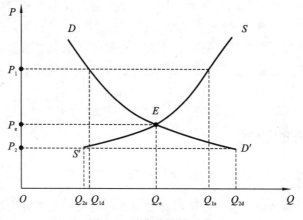

图 2-8　均衡价格的形成

均衡价格论认为,均衡价格一旦形成,其就有一定的稳定性,市场价格如背离均衡价格,就会通过商品的需求量与供给量的变动,使市场价格恢复到均衡价格,并在此稳定下来。

3. 均衡价格理论的运用

根据均衡时间的长短,均衡价格可分为三类,不同类的均衡价格,供给和需求的作用也不相同。

（1）暂时的市场均衡。

所谓暂时，其经济学的意义是指因时间短暂到无法改变生产量和供给量。这时，均衡价格的高低将取决于需求状况，或者说，需求对均衡价格的形成起主导作用。

（2）短期的市场均衡。

所谓短期，是指在该期间内，可在现有的技能、生产组织和机器设备的基础上伸缩产量，但无足够的时间来增加设备、更新技术、改变组织和增加新的生产能力，以适应需求的变动。在这种情况下，均衡价格的形成将取决于供给与需求的均衡。换言之，在短期的市场均衡中，供给和需求对均衡价格的形成起着同等重要的作用。

（3）长期的市场均衡。

所谓长期，是指在该期间内，除土地外，一切生产要素（包括技术改造、调整生产组织结构、更新设备或提高劳动者素质等）都可以改变以适应需求变动。在这种情况下，供给的状况对均衡价格的形成起着主导作用。

二、均衡价格的变动

现实的经济生活中，各种商品的价格无时不处在变化之中，均衡价格形成之后，受多种因素的影响，也经常处于不停的位移运动中。导致均衡价格发生位移的根本原因是影响供求曲线发生位移的各种因素会经常地变动。下面，我们将分别从需求和供给的角度来分析这种位移的状况。

1. 需求因素的变动对均衡价格的影响

需求曲线随偏好、收入、其他商品价格等变化而变化，会产生两种位移向右或向左移动，如图 2-9 所示。

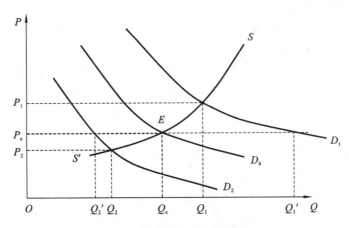

图 2-9　需求变化对均衡的影响

先分析向右移动的情形。假定供给曲线不变，消费者偏好增强，对某种商品需求增加，需求曲线从 D_0 右移至 D_1。当需求曲线为 D_0 时均衡价格为 P_e，当需求曲线右移至 D_1 时，如果价格不变（仍为 P_e），会出现 $Q_1' - Q_e$ 数量的短缺，供给者会提高价格，经过反复调整，价格 P_1 即为新的均衡价格，均衡数量为 Q_1。

再分析向左移动的情形。消费者偏好减弱，商品需求减少，需求曲线从 D_0 左移至 D_2，

如果价格不变仍为 P_e,会出现 Q_e-Q_2' 数量的富余,供给者会降低价格,经过反复调整,价格 P_2 即为新的均衡价格,均衡数量为 Q_2。

结论:供给曲线不变时,需求曲线右移使均衡价格提高,均衡数量增加;需求曲线左移使均衡价格降低,均衡数量减少。

2. 供给因素的变动对均衡价格的影响

同理,影响供给的因素发生变化,也会导致供给曲线及均衡价格的位移。现假定需求曲线不变,如图 2-10 所示,由于技术进步,厂商对商品的供给增加,供给曲线右移至 S_1,如果价格保持不变,此时的需求为 Q_e,供给量为 Q_1',供大于求,厂商会降价,经过反复调整,价格 P_1 即为新的均衡价格,均衡数量增加至 Q_1。

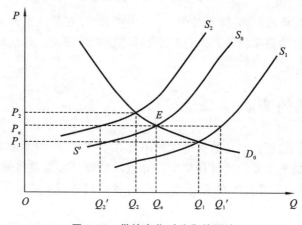

图 2-10　供给变化对均衡的影响

如果要素价格上升,成本上升,厂商供给减少,供给曲线左移至 S_2。如果价格保持不变,此时需求数量为 Q_e,供给量为 Q_2',则供不应求,厂商会涨价,经过反复调整,价格 P_2 即为新的均衡价格,均衡数量减至 Q_2。

结论:需求曲线不变时,供给曲线右移引起均衡价格下降,均衡数量增加;供给曲线左移会使均衡价格提高,均衡数量减少。

将以上两方面的分析概括起来,就是供求定理,即需求水平的变动引起均衡价格与均衡数量同方向变动;供给水平的变动引起均衡价格反方向变动,引起均衡数量同方向变动。

注意,实际上,供给和需求会同时变动,此时,均衡价格和均衡数量变动的程度和方向,取决于供求两方面各自变动的程度和方向。

(1) 需求的增加大于供给的增加时,价格上升,均衡数量增加;

(2) 需求的增加小于供给的增加时,价格下降,均衡数量增加;

(3) 需求的减少小于供给的减少时,价格上升,均衡数量减少;

(4) 需求的减少大于供给的减少时,价格下降,均衡数量减少;

(5) 只有当供求变动的方向和程度都相同时,无论供求增加还是减少,价格都保持不变,只有均衡数量的改变。

三、均衡价格理论的运用

西方经济学家经常用均衡价格理论来分析政府的各种价格政策对经济的影响,关于支持价格与限制价格的分析即为一例。

支持价格是政府为了扶持某一行业的生产而规定的该行业产品的最低价格,可用图 2-11 来说明支持价格政策所产生的效果。

从图 2-11 中可以看出,该行业产品的均衡价格为 N_0,均衡数量为 M_0。但政府为了支持该行业的生产,确定了支持价格为 N_1,$N_1 > N_0$,即支持价格高于均衡价格,这时需求量为 M_1,而供给量为 M_2,$M_2 > M_1$,即供给大于需求,$M_2 - M_1$ 为供给过剩部分。为了能维持支持价格,政府就要收购过剩产品,用于储备、出口。

限制价格是政府为了限制某些生活必需品的物价上涨而规定的这些产品的最高价格。也可用图 2-12 来说明限制价格政策所产生的效果。

从图 2-12 中可以看出,某种产品的均衡价格为 N_0,均衡数量为 M_0。但政府为了防止物价上涨,确定了这种产品的限制价格为 N_1,$N_1 < N_0$,即限制价格低于均衡价格。这时需求量为 M_1,而供给量为 M_2,$M_1 > M_2$,即需求大于供给,$M_1 - M_2$ 为供给不足部分。为了维持这种限制价格,政府会采用配给制,市场上会出现抢购与黑市交易现象。

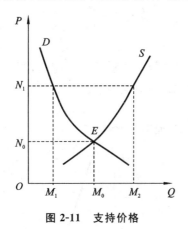

图 2-11　支持价格

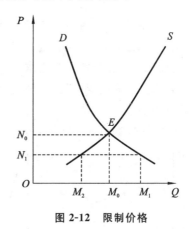

图 2-12　限制价格

第四节　弹性理论

供求规律揭示了商品价格调节供求的一般规律,即价格上升会使供给量增加和需求量减少,价格下降会使供给量减少和需求量增加。但是,价格变动究竟会引起供求多大程度的变动,则需要借助于价格弹性理论的分析。

所谓弹性,一般是指反应程度,即在两个函数关系的变量之间,其因变量对自变量变化的反应灵敏度,或者说,因变量的变动幅度(变动的百分比)对自变量变动幅度的比例关系。弹性原本是一个物理学概念,于 19 世纪被法国经济学家古诺应用于经济学中,以反映作为因变量的经济变量的相对变化对作为自变量的相对变化的反应程度或敏感程度。这一概念后来被马歇尔运用于供求与价格关系的分析中,并逐步形成了一套价格弹性理论。需求弹性可以分为需求的价格弹性、需求的收入弹性和需求的交叉弹性,分别说明需求量变动与价格、收入和其他商品价格变动之间的关系。

一、需求价格弹性

1. 需求价格弹性的含义及分类

1) 需求价格弹性的含义

所谓需求价格弹性,是指需求量的变化与价格变化的百分比的比值,反映了市场需求量或销售量对价格变动的敏感程度。其公式为

需求价格弹性=需求量变动的百分比/价格变动的百分比

如果用 E_d 代表需求价格弹性,P 代表价格,ΔP 代表价格的变动量,Q 代表需求量,ΔQ 代表需求的变动量,则需求弹性的公式为

$$E_d = \frac{\frac{\Delta Q}{Q}}{\frac{\Delta P}{P}}$$

例如,某商品的价格从每单位 5 元下降为 4 元($P=5, \Delta P=-1$),需求量由 20 单位增加到 30 单位($Q=20, \Delta Q=10$),则该商品的需求弹性为 $E_d=-2.5$。

这里我们需要注意的是,因为需求量变动的方向与价格变动的方向相反,所以需求价格弹性值始终为负值。为使用方便,一般省略负号而用其绝对值表示。

2) 需求价格弹性的分类

需求价格弹性按数值大小不同,可分为五种类型,如图 2-13 所示。

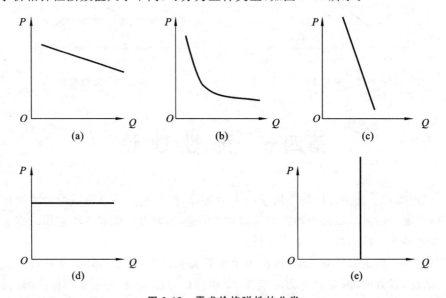

图 2-13 需求价格弹性的分类

当 $E_d>1$ 时,需求富有弹性,需求变动百分比大于价格变动百分比,即如果价格变动 1%,将引起需求量的变动大于 1%(见图 2-13(a))。

当 $E_d=1$ 时,需求单一弹性,需求变动百分比等于价格变动百分比,即如果价格变动 1%,将引起需求量变动 1%(见图 2-13(b))。

当 $0<E_d<1$ 时,需求缺乏弹性,需求变动百分比小于价格变动百分比,即如果价格变动

1%,则引起需求量的变动不足 1%(见图 2-13(c))。

当 $E_d=\infty$ 时,需求完全弹性,当价格的微小变动引起需求量无穷大的变化,表示某种商品在某一既定价格水平上,需求量无穷大,需求曲线是与横轴平行的水平线(见图 2-13(d))。

当 $E_d=0$ 时,需求完全无弹性,价格的变动不引起需求量的丝毫变化,需求曲线是与横轴垂直的一条直线(见图 2-13(e))。

在现实经济生活中,图 2-13(a)、图 2-13(c)两种情况比较常见,其余几种类型则较少见。

2. 影响需求价格弹性的因素

(1) 人们对这种商品的需求程度的大小。一般来说,生活必需品的需求弹性小,而奢侈品的需求弹性大。

(2) 商品本身的可替代程度。一般来说,越易于被替代的商品其需求弹性越大,而越不易被替代的商品其需求弹性越小。

(3) 商品的用途是否广泛。一般来说,用途广泛的商品需求弹性大,而用途较窄的商品需求弹性小。

(4) 商品使用时间的长短。一般来说,非耐用品的需求弹性小,而耐用品的需求弹性大。

(5) 商品在家庭支出中所占的比例。在家庭支出中占比小的商品,价格变动对需求的影响小,其需求弹性也小。在家庭支出中占比大的商品,价格变动对需求的影响大,其需求弹性也大。

3. 需求价格弹性与销售收入的关系

我们知道,销售收入等于单位商品售价乘以数量。各种商品的需求弹性不同,即价格变动对销售量的影响程度不同,因而销售收入的变化不同。正因为如此,才使得需求弹性的研究显得更有意义。

(1) 需求富有弹性商品价格变动对销售收入的影响。在商品需求富有弹性的情况下,即 $E_d>1$ 时,价格下降会使销售收入增加,反之则使销售收入减少,两者运动方向相反。这是因为单位商品售价虽然降低,但由于销售数量增幅更大,不仅能弥补降价损失,而且还有盈余。

(2) 需求单一弹性商品价格变动对销售收入的影响。在商品需求单一弹性的情况下,即 $E_d=1$ 时,价格无论如何变动,销售收入均不变。这是因为单位商品价格变化所增减的收入,恰好被销售量减增的收入所抵销。

(3) 需求缺乏弹性商品价格变动对销售收入的影响。当商品需求缺乏弹性,即 $0<E_d<1$ 时,价格下降会使销售收入减少;反之会使销售收入增加,两者运动方向相同。这是因为降价后销售量的微小增加,不足以抵销降价带来的损失,故销售收入减少。

(4) 需求完全弹性商品价格变动对销售收入的影响。当商品需求完全弹性,即 $E_d=\infty$ 时,价格下降会使销售收入无限增加;反之会使销售收入无限减少,两者运动方向相反。

(5) 需求完全无弹性商品价格变动对销售收入的影响。当商品需求完全无弹性,即 $E_d=0$ 时,价格升降会使销售收入同幅度增减。这是因为价格无论如何变动,销售量都保持不变,在"销售收入=单位商品售价×销售量"的公式中,销售量为一固定常数,故销售收入与价格同幅度增减。

二、需求收入弹性

需求收入弹性是商品需求量对消费者收入变动的反应灵敏度,或者说是商品需求量变动的百分比与消费者收入变动的百分比的比值,即

需求收入弹性=需求量变动的百分比/收入变动的百分比

如果用 E_m 代表需求收入弹性,I 代表收入,ΔI 代表收入的变动量,Q 代表需求量,ΔQ 代表需求的变动量,则需求收入弹性的公式为

$$E_m = \frac{\frac{\Delta Q}{Q}}{\frac{\Delta I}{I}}$$

与需求价格弹性大致相同,低收入弹性的商品属于"必需品",而收入弹性大大高于 1 的商品可以认为是"奢侈品"。

应当注意,收入变化对需求量的影响,有可能是同方向,也有可能是反方向。因此,需求收入弹性有可能是正数,也有可能是负数。对大多数商品来说,收入增加,将引起对其需求量的增加,收入弹性为正数,这类商品称为"正常商品",如咖啡等;但有些低档商品,当收入增加时,反而会使其需求量减少,收入弹性为负数,如土豆等。

三、需求交叉弹性

需求交叉弹性是指商品需求量对其他某一相关商品价格变动反应的灵敏度,或者说是商品需求量变动的百分比与其他某一相关商品价格变动百分比的比值,即

需求交叉弹性=X 商品需求量变动的百分比/Y 商品价格变动的百分比

如果用 E_{XY} 代表需求交叉弹性,P_Y 代表 Y 商品的价格,ΔP_Y 代表 Y 商品价格的变动量,Q_X 代表 X 商品的需求量,ΔQ_X 代表 X 商品需求的变动量,则需求交叉弹性的公式为

$$E_{XY} = \frac{\frac{\Delta Q_X}{Q_X}}{\frac{\Delta P_Y}{P_Y}} = \frac{\Delta Q_X}{\Delta P_Y} \cdot \frac{P_Y}{Q_X}$$

这里应当注意,相关商品有两种情况:一是互补商品,由于它的需求量变动与其相关商品的价格变动呈反方向变化,因此,需求的交叉弹性为负数;二是替代商品,由于它的需求量变动与其相关商品价格变动呈同方向变化,因此,需求的交叉弹性为正数。

四、供给价格弹性

1. 供给价格弹性的含义

供给价格弹性,亦称供给弹性,是指某一商品的供给量对其自身价格变化的敏感程度,即用来衡量价格变动比率所引起的供给量变动的比率,等于供给量变动的百分比与价格变动的百分比的比值,其数学表达式为

$$供给价格弹性＝供给量变动的百分比/价格变动的百分比$$

如果用 E_s 代表供给价格弹性，P 代表价格，ΔP 代表价格的变动量，Q 代表供给量，ΔQ 代表供给的变动量，则供给弹性的公式为

$$E_s = \Delta Q \cdot P / (\Delta P \cdot Q)$$

根据供给规律，供给量的变动与价格的变动是同方向的，因此，供给价格弹性 E_s 始终为正值。

2. 供给价格弹性的分类及与销售收入的关系

供给价格弹性按数值大小不同，可分为以下五种类型。

(1) $E_s > 1$，称为供给富有弹性（供给量变动的幅度大于价格变动的幅度）。

(2) $E_s = 1$，称为供给单一弹性（供给量变动的幅度等于价格变动的幅度）。

(3) $0 < E_s < 1$，称为供给缺乏弹性（供给量变动的幅度小于价格变动的幅度）。

(4) $E_s = \infty$，称为供给完全弹性（价格既定，供给量无限）。

(5) $E_s = 0$，称为供给完全无弹性（无论价格如何变，供给量不会发生变化）。

对于供应者来说，市场价格越高，其愿意提供的商品数量就越多，销售收入就越多，反之则越少。因此，无论商品供给是否富有弹性，其销售收入与价格变动的方向总是一致的，只是变动的幅度不同而已。从这个意义上说，供给弹性不如需求弹性有用，因为需求弹性能给企业的收益变动提供某种预兆，而供给弹性则不能。

3. 影响供给价格弹性的因素

(1) 价格变动的时间长短。

一般来说，价格变动时间短，供给弹性较小；反之，供给弹性较大。这是因为在短期内，生产者不可能调整生产规模，供应量也难以有太大变化；而从长期来看，生产者则可以根据价格变动的情况，扩大或缩小生产规模，使供应量出现较大的变化。价格变动时间的长短对供应量的影响，还与商品再生产周期的长短密切相关。再生产周期越长，供应量在短期内增长的可能性就越小，反之则供给弹性越大。例如，农产品生产，因受生产周期的影响，短期内的价格波动，生产者无法根据价格变动去调整生产，价格对其供应量的影响往往需要经过一年乃至更长时间才能表现出来。因此，在短期内，其供给弹性几乎为零。

(2) 生产的技术装备规模。

一般来说，生产商品的技术装备越简单，形成新的生产能力所需要的时间就越短，对价格变动所做的反应也就越迅速，其供给弹性相对也就越大，如劳动密集型产品；反之，资本密集型产品技术装备复杂，资金需求量大，增减供给量较难，其供给弹性就小。

(3) 生产所需耗费的资源品种和数量。

一般来说，生产某种商品所需耗费的稀缺资源品种和数量越少，供给弹性就越大；反之就越小。这是因为稀缺资源供给量有限，限制了以稀缺资源为投入要素的商品对价格变动做出反应的能力。

(4) 生产成本的增加量。

若因扩大生产所引起的成本增加量大于价格上升额，生产者就不愿意扩大生产，因而供给弹性较小；反之，生产者就会积极增产，因而供给弹性较大。

第五节 蛛网理论

在本章第三节均衡价格中,我们用静态分析的方法论述了均衡价格形成所需具备的条件,用比较静态分析的方法论述了需求和供给的变动对均衡价格变动的影响。本节的蛛网理论将引入时间变化的因素,通过对属于不同时期的需求量、供给量和价格之间的相互作用的连续考察,用动态分析的方法论述诸如农产品这类生产周期较长的商品的产量和价格在偏离均衡状态以后的实际波动过程及其结果。

蛛网理论(Cobweb Theorem)是指某些商品的价格与产量变动相互影响,引起规律性的循环变动的理论。1930 年,由美国的舒尔茨(T. W. Schultz)、荷兰的丁伯根(Jan Tinbergen)和意大利的里奇(G. Ricci-Curbastro)各自独立提出。由于价格和产量的连续变动用图形表示犹如蛛网,1934 年英国经济学家尼古拉斯·卡尔多(Nicholas Kaldor)将这种理论命名为"蛛网理论"。

蛛网理论是一种动态均衡分析。古典经济学理论认为,如果供给量和价格的均衡被打破,经过竞争,均衡状态会自动恢复。蛛网理论却证明,按照古典经济学静态下完全竞争的假设,均衡一旦被打破,经济系统并不一定自动恢复均衡。

蛛网理论的假设如下:

(1) 完全竞争,每个生产者都认为当前的市场价格会继续下去,自己改变生产计划不会影响市场。

(2) 价格由供给量决定,供给量由上期的市场价格决定。

(3) 生产的商品不是耐用商品。

这些假设表明,蛛网理论主要用于分析农产品。在农业及生产周期较长的工业部门中,产品产量对其价格的反应要滞后一个周期,即产品的本期产量由前一期的价格决定,而产品本期的需求量决定于本期的价格。例如:大豆的生产周期为一年,当大豆价格上涨时,当年的生产已经固定,产量不能增加,而只能在第二年增加;当第二年的大豆价格下降时,当年的生产已经固定,产量不能减少,而只能在第三年减少。

蛛网理论是弹性理论的一个运用,它把需求弹性和供给弹性结合起来分析价格波动对下一个周期产量的影响。为方便分析,我们假定生产周期为一年。蛛网理论的基本特征是第二年的产量是对第一年价格的反应,第三年的产量是对第二年价格的反应,以此类推,产量对价格的反应总是落后一年。

根据供给弹性与需求弹性的关系,蛛网理论可分为收敛型、发散型和封闭型三种模型。

一、收敛型蛛网模型

在收敛型蛛网模型中,供给曲线斜率的绝对值大于需求曲线斜率的绝对值。当市场由于受到干扰而偏离原有的均衡状态以后,实际价格和实际产量会围绕均衡水平上下波动,但波动的幅度越来越小,最后恢复到原来的均衡点,如图 2-14 和图 2-15 所示。下面以大豆为例来予以说明。

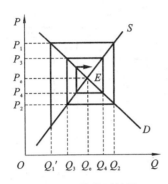

图 2-14 收敛型蛛网

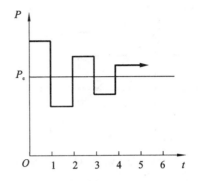

图 2-15 收敛型蛛网价格波动趋势

在图 2-14 中,大豆的最初均衡价格为 P_e,均衡数量为 Q_e。现在,我们来分析大豆的循环过程。假设第一年由于收成不好,大豆产量和供给量陡然减少到 Q_1,小于均衡数量 Q_e。这时,大豆供给小于需求,价格上升。在 Q_1 产量水平上,价格上升到 P_1。

第二年,农民考虑到上一年大豆价格很高,种大豆很合算,于是,便增加大豆的生产。在 P_1 价格水平上大豆产量增加到 Q_2,不仅高于第一年产量 Q_1,而且还高于均衡数量 Q_e。结果,第二年的大豆供大于求,大豆价格又开始下降,在 Q_2 产量水平上,价格下降到 P_2,低于均衡价格 P_e。

第三年,大豆生产者看到大豆价格很低,种大豆不合算,于是,在 P_2 价格水平上,大豆生产又减少到 Q_3,不仅小于上一年的产量 Q_2,而且低于均衡数量 Q_e。结果,大豆又供不应求,在 Q_3 水平上价格开始上升到 P_3,高于均衡价格 P_e。

第四年,大豆生产者看到上一年价格很高,认为种大豆合算,于是,又继续调整生产,在 P_3 价格水平上大豆产量增加到 Q_4,高于均衡数量 Q_e。结果,大豆市场又开始出现供大于求的情况,于是大豆价格又开始下降。在 Q_4 产量上,大豆价格下降到 P_4,低于均衡价格 P_e。

如此循环下去,如图 2-14 所示,实际产量和实际价格的波动幅度越来越小,最后恢复到均衡点 E 所代表的水平。因此,这种模型叫作收敛型蛛网模型。由此可见,图 2-14 中的均衡点 E 所代表的均衡状态是稳定的。也就是说,由于外在的原因,当价格和产量偏离均衡数值(P_e 和 Q_e)后,经济制度中存在着自发的因素,能使价格和产量自动地恢复均衡状态。在图 2-14 中,产量和价格变化的途径形成了一个蜘蛛网似的图形,这就是蛛网模型名称的由来。图 2-15 中以横轴表示时期,以纵轴表示价格,该图表明价格的波动趋向于均衡价格 P_e。随着价格波动的减少,产量波动的趋势减少,产量的波动也随之减弱。因此,供给弹性小于需求弹性被称为蛛网稳定条件。

二、发散型蛛网模型

在发散型蛛网模型中,供给曲线斜率的绝对值小于需求曲线斜率的绝对值。当市场由于受到外力的干扰偏离原有的均衡状态以后,实际价格和实际产量上下波动的幅度会越来越大,偏离均衡点越来越远,如图 2-16 和图 2-17 所示。下面仍以大豆为例来予以说明。

在图 2-16 中,大豆价格与产量的循环过程与图 2-14 中相同,但循环趋势与图 2-14 相反,它不是逐渐趋向于大豆最初的均衡位置,而是离均衡位置越来越远。因此,这种模型叫作发散型蛛网模型。由此可见,图 2-16 中的均衡点 E 所代表的均衡状态是不稳定的。也就

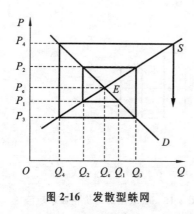

图 2-16 发散型蛛网

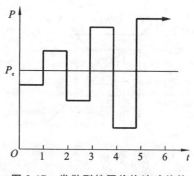

图 2-17 发散型蛛网价格波动趋势

是说,由于外在的原因,当价格和产量偏离均衡数值(P_e 和 Q_e)后,经济制度中存在着自发的因素,能使价格和产量不能自动地恢复均衡状态。图 2-17 表明价格的波动越来越背离了均衡价格 P_e。随着价格波动的加大,产量的波动也随之增强。因此,供给弹性大于需求弹性被称为蛛网不稳定条件。

发散型蛛网模型离均衡位置越来越远的原因是,大豆的供给弹性大于需求弹性,换句话说,对于每一个价格变动,生产者的反应程度比消费者大。从图 2-16 可以看到,当价格从 P_1 上升到 P_2 时,供给量增加(Q_3-Q_2);当价格从 P_2 下降为 P_1 时,需求量增加(Q_1-Q_2)。显然,(Q_3-Q_2)>(Q_1-Q_2),这表明供给量的增加量大于需求量的增加量。当价格从 P_2 下降到 P_3 时,供给量减少(Q_3-Q_4);当价格从 P_3 上升到 P_2 时,需求量减少(Q_3-Q_2)。显然,(Q_3-Q_4)>(Q_3-Q_2),这表明供给量的减少量大于需求量的减少量。

三、封闭型蛛网模型

在封闭型蛛网模型中,供给曲线斜率的绝对值等于需求曲线斜率的绝对值。当市场由于受到外力的干扰而偏离原有的均衡状态以后,实际产量和实际价格始终按同幅度围绕均衡点上下波动,既不逐步偏离均衡点,也不逐步趋向均衡点。再次以大豆为例来予以说明,如图 2-18 和图 2-19 所示。

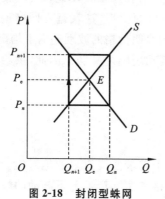

图 2-18 封闭型蛛网

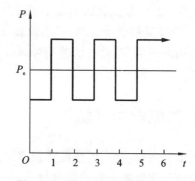

图 2-19 封闭型蛛网价格波动趋势

在图 2-18 中,n 表示奇数年份,$n+1$ 表示偶数年份。图 2-18 所示的大豆价格与产量的循环过程同收敛型和发散型一样,但是,这个模型的循环趋势不同于前面两种模型,它既不趋向于均衡位置,也不离均衡位置越来越远,而是与均衡位置始终保持相等的距离。因此,这种模型叫作封闭型蛛网模型。

在图 2-18 中，供给曲线与需求曲线的斜率相同，表明供给弹性等于需求弹性，供给曲线与需求曲线相交于 E 点，决定了均衡价格为 P_e，均衡数量为 Q_e。在图 2-18 中的波动情况为：在第 n 期开始时，产量为 Q_n，$Q_n > Q_e$ 决定了价格为 P_n，$P_n < P_e$。第 n 期的价格 P_n 决定了第 $n+1$ 期的产量为 Q_{n+1}，$Q_{n+1} < Q_e$ 决定了价格 $P_{n+1} > P_e$。第 $n+1$ 期的价格决定了第 $n+2$ 期的产量，这一产量仍然和第 n 期的产量相同，为 Q_n。这样就又开始了一期与上期完全相同的波动。如此循环下去，价格和产量始终是相同的波动程度。图 2-19 表示的就是这种波动趋势。因此，供给弹性等于需求弹性被称为蛛网中立条件。

【本章小结】

供求理论是经济学的基础理论，供给与需求分析方法是现代市场理论最基本的分析方法。供求理论通过供求定理阐明了市场机制的作用。

供给定理说明，一般商品供给量与价格呈同方向变动的关系。需求定理说明，一般商品需求量与价格呈反方向变动的关系。供求相等时的价格和产量，是均衡价格和均衡数量。市场价格正是在供求压力下，不断地偏离和趋于均衡价格。

供求定理：假定供给不变，需求增加（或减少）引起均衡价格和均衡数量同时增加（或减少）；假定需求不变，供给增加（或减少），引起均衡价格下跌（或上涨）和均衡数量增加（或减少）。

弹性理论分析了影响供给和需求的因素，如价格、收入等变量的相对变化引起的供给和需求相对量的变化。

【思考与练习】

一、重要概念

需求　需求规律　供给　供给规律　均衡价格　替代品　互补品
需求价格弹性　需求收入弹性　需求交叉弹性

二、选择题

1. 保持所有其他因素不变，某种商品的价格下降，将导致（　　）。
   A. 需求量增加　　　　　　　　B. 需求量减少
   C. 需求增加　　　　　　　　　D. 需求减少
2. 下列因素，除（　　）外，都会使需求曲线移动。
   A. 消费者收入变化　　　　　　B. 商品价格变化
   C. 消费者偏好变化　　　　　　D. 其他相关商品价格变化
3. 如果商品 X 和商品 Y 是相互替代的，则 X 的价格下降，将导致（　　）。
   A. X 的需求曲线向右移动　　　B. X 的需求曲线向左移动
   C. Y 的需求曲线向右移动　　　D. Y 的需求曲线向左移动
4. 某种商品价格下降对其互补品的影响是（　　）。
   A. 互补品的需求曲线向左移动　B. 互补品的需求曲线向右移动
   C. 互补品的供给曲线向右移动　D. 互补品的价格上涨

5. 假定某商品的价格从 10 美元下降到 9 美元,需求量从 70 增加到 75,则需求为( )。
   A. 缺乏弹性　　　　　　　　　　B. 富有弹性
   C. 单一弹性　　　　　　　　　　D. 难以确定
6. 下列哪种情况使总收益增加?( )
   A. 价格上升,需求缺乏弹性　　　　B. 价格下降,需求缺乏弹性
   C. 价格上升,需求富有弹性　　　　D. 价格下降,需求单一弹性
7. 劣质品需求的收入弹性为( )。
   A. 正　　　　　　　　　　　　　B. 负
   C. 零　　　　　　　　　　　　　D. 难以确定
8. 假定生产某种产品的原材料价格上涨,则这种产品的( )。
   A. 需求曲线向左移动　　　　　　B. 需求曲线向右移动
   C. 供给曲线向左移动　　　　　　D. 供给曲线向右移动
9. 下列哪种情况不正确?( )。
   A. 如果供给减少,需求不变,均衡价格将上升
   B. 如果供给增加,需求减少,均衡价格将下降
   C. 如果需求增加,供给减少,均衡价格将上升
   D. 如果需求减少,供给增加,均衡价格将上升
10. 在需求和供给同时减少的情况下,将出现( )。
    A. 均衡价格下降,均衡产销量减少　　B. 均衡价格下降,均衡产销量无法确定
    C. 均衡价格无法确定,均衡产销量减少　D. 均衡价格上升,均衡产销量减少
11. 均衡价格随着( )。
    A. 需求和供给的增加而上升　　　　B. 需求和供给的减少而上升
    C. 需求的减少和供给的增加而上升　　D. 需求的增加和供给的减少而上升

三、思考题

1. 简述需求的定义和需求定理。
2. 影响需求变动的因素有哪些?请举例说明。
3. 替代品和互补品之间有什么区别?下面哪对商品是替代品,哪对商品是互补品,哪对商品两者都不是?
   (1) 可口可乐和百事可乐;
   (2) 计算机硬件和软件;
   (3) 盐和糖;
   (4) 粉笔和黑板;
   (5) 图书和书架。
4. 简述供求定理。
5. 通常,公交巴士、自来水公司都会要求涨价,请用所学有关理论加以解释。
6. 借助于图像,分析下列市场条件下的均衡价格与均衡产量的变动情况,并作简要说明:
   (1) 需求增加,供给不变;
   (2) 需求减少,供给减少;

(3) 需求减少,供给增加。
7. 下列每对物品中,你认为哪一种物品更富有需求价格弹性?为什么?
(1) 啤酒和水;
(2) 未来五个月的原油和未来五年的原油;
(3) 指定教科书和武侠小说。

第三章 消费理论

【学习目标与要求】

本章从消费者的角度,阐明消费者追求效用最大化,以此来选择自己的所为。通过本章的学习,重点掌握基数效用论和序数效用论的有关概念,以及利用边际效用分析法和无差异曲线分析法分析消费者均衡;掌握消费者均衡的条件;了解预算线、收入效应与替代效应、消费者剩余及消费者行为理论。

需求产生于消费,供给产生于生产。要说明需求与供给是由什么决定的,就应该解释消费与生产。消费是由消费者(居民)所进行的行为,生产是由生产者(厂商)所进行的行为。本章的消费理论和第四章的生产理论将分别说明消费者的行为决定和生产者的行为决定,从而进一步阐明需求与供给。

第一节 效用论概述

人们都追求幸福。对于幸福,1000 个人有 1000 种理解。幸福到底是什么?萨缪尔森提出了一个幸福方程式:幸福=效用/欲望。从这一公式来看,幸福取决于两个因素:效用与欲望。当欲望既定时,效用越大越幸福;当效用既定时,欲望越小越幸福。幸福与欲望反比例变动,幸福与效用同比例变动。如果欲望无限大,幸福即为零,所以人们常说"知足常乐"。经济学讲的人的欲望的无限性是从发展的角度而言的,即一个欲望满足后,又会有新的欲望产生,但是在一个欲望未得到满足时,这个欲望是既定的,当欲望既定时,人的幸福就取决于效用。因此,追求幸福就是追求效用的最大化。

一、效用的概念

效用是一个抽象概念,在经济学中用它来表示商品和劳务满足人们欲望或需要的能力。满足程度高就是效用大,满足程度低就是效用小。

理解效用的概念时,必须注意以下三点。第一,一种物品有效用不一定具有价值或价格。这主要是因为物品的价值或价格是由稀缺程度决定的,如空气,其效用很高,但不一定有价格。因为商品的价格是用机会成本来衡量的,所以经济学中所讲的效用,实际上是物品的使用价格。第二,效用本身并不含有伦理学的意义。这就是说,一种商品或劳务是否具有效用,取决于能否满足人的欲望或需要,而不论这一欲望或需要是好是坏。如吸毒是坏欲望,但毒品能满足吸毒者欲望,它就具有效用。第三,效用有正有负。负效用是指某种商品或劳务所具有的引起人们不舒服或痛苦的能力。例如,某人吃两碗饭已经饱了,再吃第三碗饭身体就不舒服,此时,第三碗饭对他而言具有负效用。

效用大小因人、因地、因时而不同,同一物品对不同的人,效用的大小是不相同的。例如,一支香烟对吸烟者来说可能有很大的效用,而对不吸烟者则可能完全没有效用;又如,冷气在夏天对降温是有效用的,而在冬天则没有什么效用。

二、基数效用与序数效用

西方经济学家先后提出了基数效用和序数效用的概念。基数效用是指消费者的满足程度可以像距离、质量一样用"1,2,3…"这样的基数衡量其绝对大小。例如,某消费者吃一块面包所得到的满足程度是1个效用单位,吃第二块面包所得到的满足程度是1个效用单位,消费者消费这两块面包所得到的满足程度就是2个效用单位。这就是所谓的"基数效用论"。序数效用是为了弥补基数效用论的缺点而提出来的另一种研究消费者行为的理论,其基本观点是:效用作为一种心理现象,是无法计量,也不能加总求和的,只能表示满足程度的高低与顺序,因此,只能用"第一,第二,第三……"这样的序数来衡量不同的满足程度。例如,尽管你不知道从吃一块面包或者看一场电影中所得到的满足程度到底有多大,但是,你却可以比较这两个行为满足程度究竟谁大谁小,为了做到这一点,只需要让你在这两种消费中进行自由的选择即可。如果你选择了吃面包,那么说明吃面包的满足程度更大,这就是所谓的"序数效用论"。

本章主要介绍序数效用论。

三、边际效用递减规律

1. 总效用和边际效用

总效用(total utility,TU)是消费者在一定时间内消费一定量的商品或劳务所得到的满足程度的总和。理性的消费者购买商品是为了获得一定时期内的总效用最大。

边际效用(marginal utility,MU)是指当某种物品的消费量增加1单位时所增加的满足程度。"边际"一词是经济学的一个关键术语。所谓"边际",就是"增加量"的意思,边际效用的概念对于理解使总效用达到最大的条件是必不可少的。例如:一个人从第一块面包所获得的总效用为10单位,再消费一块面包,即他消费两块面包所获得总效用为17单位,这表示他因增加第二块面包的消费所增加的效用(即边际效用)是7个单位。

假设消费者对一定商品的消费量为Q,则总效用函数为:
$$TU = f(Q)$$
相应的边际效用函数为:
$$MU = \frac{\Delta TU(Q)}{\Delta Q}$$

当商品的增加量趋于无穷小时有：

$$MU = \lim_{\Delta Q \to 0} \frac{\Delta TU(Q)}{\Delta Q} = \frac{dTU(Q)}{dQ}$$

随着消费量增加，总效用也在增加，但总效用按递减比率增加，达到最大值后，继续增加消费量，将会使总效用减少，边际效用出现负数。

2. 边际效用递减规律的主要内容

边际效用递减规律表述如下，随着消费者对某种物品消费量的增加，他从该物品连续增加的消费中所得到的边际效用是递减的。也就是说，随着一个人所消费的某种物品的数量增加，其总效用虽然也在增加，但物品的边际效用（即所增加的一定量的物品中最后增加的那一个单位所增加的效用或最后一单位提供的效用），随所消费物品数量的增加而呈递减的趋势。总效用有可能达到一个极大值，超过这一点，物品的边际效用等于零或变为负数。所谓边际效用是负数，是指对某种物品的消费超过一定量以后，不但不能增加消费者的满足感，反而会引起厌恶。这一规律对我们理解消费者的消费行为非常重要。

3. 边际效用递减规律与需求规律的关系

需求规律表明，消费者愿意购买的任一商品的数量与该商品的价格呈反方向变化，即价格提高，需求量减少；反之，价格降低，需求量增多。为什么消费者对商品的需求量与其价格之间有这样一种反向变动关系呢？在经济学中，可以用边际效用递减规律来解释，既然存在边际效用递减趋势，那么当个人要购买商品时，他就要衡量自己的货币收入以及该商品所能产生的边际效用，如果他的货币的边际效用固定不变，那么他对该商品所愿意支付的价格就以其边际效用为标准，如果其边际效用大，则愿多付，反之则少付。但根据边际效用递减规律，一种商品的边际效用是随其数量增多而递减的，因此当他所拥有的该商品数量越多时，其边际效用就越小，这时，他所愿支付的价格就越低；反之，当他所拥有的该商品数量越少时，其边际效用就越大，这时他所愿支付的价格就越高。由此可见，决定商品价格的是它的边际效用。当一个消费者已经拥有较多的某种商品时，如果希望他再买，只有降低该商品价格；反之，当他拥有的数量较少时，提高价格也无妨。由此可见，需求曲线应该向右下方倾斜（见图3-1）。

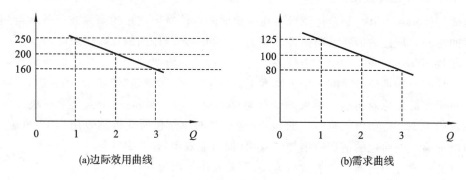

图3-1 边际效用曲线与需求曲线

例如，某消费者对衬衣的需求情况是，价格为125元时，他愿买1件；价格为100元时，他愿买2件；价格为80元时，他愿买3件。为什么价格越低，他愿意购买的数量越多呢？可用边际效用理论来解释:该消费者愿意用125元买1件衬衣,表示1件衬衣的效用至少等于他为此付出的125元的效用,即250个效用单位(假定每元货币的效用是2单位);价格降到100元时,他愿意买2件,这表明他追加购买的第二件衬衣的边际效用应等于100元的效用,即200个效用单位;同理,他愿意以80元价格买3件衬衣,这表明第三件衬衣的边际效用应是80元的效用,即160个效用单位。图3-1表示从消费品的边际效用曲线推导出需求曲线,它说明由于存在边际效用递减规律,使得消费者购买的商品数量越多,对每单位商品支付的价格就越低。

第二节　无差异曲线

小红和小芳一起上街去买衣服。进了一家服装店,正好赶上这家服装店搞促销活动,小红看到自己一个月前买过的衣服现在打对折,心里很不是滋味。心里不舒服的是仅仅一个月,衣服的价钱少了一半,心里得到安慰的是这件衣服的款式、颜色、面料都很适合自己,穿在身上别人都说好,现在价钱低了正好可以再买一件,她将这个想法告诉了小芳。没想到小芳坚决反对。小芳的意见是,为什么要买两件一样的衣服呢?应该再去买一件不同款式、不同颜色的衣服。如果是你,你会怎样选择呢?

一、无差异曲线的含义及特点

1. 无差异曲线的含义

无差异曲线是用来表示两种商品的不同数量的组合给消费者所带来的效用完全相同的一种曲线。

假设你是一个消费者,在既定的价格水平下,你要购买两种不同的商品,比如食品和衣服,你可以多购买一点食品,少购买一点衣服;也可以少购买一点食品,多购买一点衣服。总之,你可以购买各种不同组合的商品,从每一种商品的组合中,你可以得到一定的效用。对于任意的两种组合A和B,你或者是更加偏好A,或者更加偏好B,或者是对选择A还是选择B无所谓,即认为A和B无差异。

我们任意选择一种商品组合A,比如1个单位的食品和6个单位的衣服。然后,我们把所有与这一商品组合无差异的其他商品组合找出来,它们可能是B(2个单位的食品和3个单位的衣服),或者是C(3个单位的食品和2个单位的衣服),等等。表3-1给出了一些与组合A无差异的其他组合。

在表3-1中,食品和衣服以不同的比例组合起来,1单位食品与6单位衣服组合,2单位食品与3单位衣服组合,3单位食品与2单位衣服组合,4单位食品与1.5单位衣服组合,所有这些组合对于消费者来说是同样好的,无论你选取哪种组合都是无差异的。

表 3-1　无差异曲线组合

商品组合	食　品	衣　服
A	1	6
B	2	3
C	3	2
D	4	1.5

我们把上述这些不同的商品组合表现在图形中,就是图 3-2 中的点 A、B、C、D。

在图 3-2 中,我们用纵轴表示衣服单位,用横轴来表示食品单位。4 种组合 A、B、C、D,每一种都由图上的一个点来表示。但是这 4 种组合绝不是仅有的几种无差异的不同组合,还有许多没有表示出来的组合。如果我们把所有与商品组合 A 都无差异的商品组合表示在下面的图形中,我们就得到一条"无差异曲线",在该图中,连接 4 个点的平滑曲线就是这样的一条无差异曲线,无差异曲线上的任何点都表示对于消费者来说无差异的消费组合,所有的组合都是消费者同样愿意得到的。

2. 无差异曲线的特征

第一,无差异曲线是一条向右下方倾斜的线,斜率是负的。如图 3-2 所示,为保持相同的满足程度,增加一种商品的消费,必然减少另一种商品的消费,就是说,其斜率一定为负。只有在特殊情况下,即当某种商品为中性物或令人讨厌的物品时,无差异曲线才表现为水平的或垂直的,甚至是向右上方倾斜,即斜率为正。

第二,在同一坐标平面上的任何两条无差异曲线之间,可以有无数条无差异曲线。离原点越远的无差异曲线代表的效用水平越高,离原点越近的无差异曲线代表的效用水平越低,如图 3-3 所示。依照上面的方式,我们也可以画出其他的无差异曲线。例如,选择另外一个与 A 有差异的商品组合 A',我们也可以找到所有与 A' 无差异的其他商品组合,如 B'、C'、D' 等,我们可以通过把这些点连接起来得到另外一条无差异曲线。可以想象得到,这样的无差异曲线也是有无穷多条的。同一条无差异曲线代表相同的效用,不同的无差异曲线代表不同的效用。离原点越远的无差异曲线所代表的效用越大,离原点越近的无差异曲线所代表的效用越小。消费者更愿意选取较高的无差异曲线上的组合,因为它代表着具有更大效用的食品和衣服的组合。

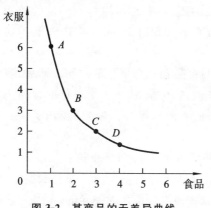

图 3-2　某商品的无差异曲线

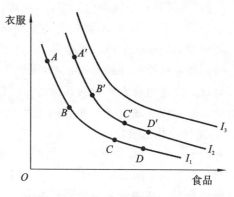

图 3-3　无差异曲线图

第三,在同一坐标平面上的任意两条无差异曲线不会相交。这是因为两条无差异曲线如果相交,就会产生矛盾。只要消费者的偏好是可传递的,无差异曲线就不可能相交。

第四,无差异曲线是凸向原点的,因此,随着消费者沿曲线向下和向右移动——增加食品的量和减少衣服的数量,曲线会变得更加平坦。这是由边际替代率递减所决定的。

二、商品的边际替代率

边际替代率(marginal rate of substitution,MRS)是用来度量一种商品对另一种商品的替代能力的概念。其定义为:消费者在保持相同的效用时,增加一种商品的消费量与必须放弃的另一种商品的消费量之比。如果用 ΔQ_X 表示食品的增加量,用 ΔQ_Y 表示衣服的减少量,用 MRS_{XY} 表示食品代替衣服的边际替代率,则公式为:

$$MRS_{XY} = \frac{Y 的减少量}{X 的增加量} = \frac{\Delta Q_Y}{\Delta Q_X}$$

经济学家认为,边际替代率所反映的消费者增加一种商品而愿意放弃另一种商品的数量是有规律的,即边际替代率是递减的。我们可从前面所举的例子来说明这一点。

在图 3-2 中,从 A 位移到 B,就意味着消费者用 6 单位衣服中的 3 个单位来换取第 2 个单位的食品。但是,B 位移到 C,只需放弃剩下的衣服中的 1 个单位就得到第 3 个单位的食品。为了得到第 4 个单位的食品,消费者仅仅需要放弃已经逐步减少的衣服中的 0.5 个单位。

边际替代率递减,实际上就是边际效用递减规律。在无差异曲线图中,边际替代率也就是无差异曲线的斜率。无差异曲线的斜率是递减的,无差异曲线也就是凸向原点的。

三、无差异曲线的特殊形状

1. 完全替代品的无差异曲线

完全替代品,是指两种商品之间的替代比例是固定不变的。因此,在完全替代的情况下,两种商品之间的边际替代率就是一个常数,相应的无差异曲线是一条斜率不变的直线。例如,对于消费者而言,一杯咖啡总是可以完全替代一杯热茶,则无差异曲线如图 3-4(a)所示。

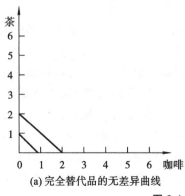

(a) 完全替代品的无差异曲线

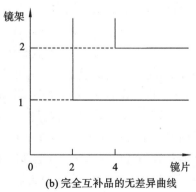

(b) 完全互补品的无差异曲线

图 3-4 无差异曲线

2. 完全互补品的无差异曲线

完全互补品,是指两种商品必须按固定不变的比例同时被使用的情况。如果对于消费者来说,两种商品是完全互补的,那么,相应的无差异曲线呈现直角形状,与横轴平行的无差异曲线部分的商品的边际替代率 $MRS_{XY}=0$,与纵轴平行的无差异曲线部分的商品的边际替代率 $MRS_{XY}=\infty$。例如,总是要按一副眼镜架和两片镜片的比例配合在一起,眼镜才能够使用。这种情况下的无差异曲线如图 3-4(b)所示。

第三节 消费预算线

一、消费预算线的含义

在运用无差异曲线来分析消费者均衡时,我们还需了解另一个概念:消费预算线。

消费预算线又称消费可能线或等支出线。它是一条表明在消费者收入与商品价格既定的条件下,消费者所能购买到的两种商品数量最大组合的线。

假定消费者有限的收入为 60 元,他在食品和衣服这两种商品中进行选择,其中,食品的价格为 15 元,衣服的价格为 10 元。如果他把全部的收入都用来购买食品,可以购买 4 个单位的食品;如果全部用来购买衣服,可以购买 6 个单位的衣服。表 3-2 列出了消费者花费 60 元的几种可能方式。

表 3-2 可供选择的消费可能

食　品	衣　服
4	0
3	1.5
2	3
1	4.5
0	6

对上述可供选择的消费可以用图描述出来,如图 3-5 所示。

在图 3-5 中,如用全部收入购买食品,可以购买 4 单位(A 点),如用全部收入购买衣服,可以购买 6 单位(B 点),连接 A、B 两点则为消费预算线。该线上任意一点都是在收入与价格的既定条件下,能购买到的食品与衣服的最大数量的组合。如 C 点,购买 3 单位的食品,1.5 单位的衣服,正好用完 60 元。在该线外的任意一点,所购买的食品与衣服的组合大于该线上任意一点,但无法实现,因为所花的钱超过了既定收入,而在线内的任意一点,所购买的食品与衣服的组合是可以实现的,但并不是最大数量的组合,即没有花完全部收入。

假定某消费者的货币收入为 M,全部用来购买两种商品 X 和商品 Y;商品 X、Y 的价格分别表示为 P_X 和 P_Y;商品 X、Y 的购买量分别表示为 Q_X 和 Q_Y。那么,这个消费预算线可以用下列方程式来表示:

$$M = P_X Q_X + P_Y Q_Y$$

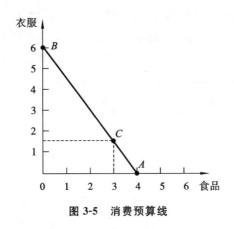

图 3-5　消费预算线

消费预算线的斜率为 $-P_X/P_Y$，它等于商品 X 的价格与商品 Y 的价格之比的负值。

二、消费预算线的变动

由上述消费预算线方程式可知，一旦消费者的收入以及商品 X、Y 的价格发生变动，预算线将随之变动。消费者预算线的变动可以归纳为以下四种情况。

1. 两种商品价格不变，消费者收入发生变化

因为消费预算线的斜率为 $-P_X/P_Y$，两种商品价格不变意味着预算线斜率不变，所以消费者收入的变化只能引起消费预算线的横、纵截距发生变化，相应的预算线位置会发生平移，如图 3-6 所示。当收入减少时，预算线向左下方平移，意味着消费者全部收入用来购买任何一种商品的数量都因收入的减少而减少；相反情况下，预算线会向右上方平移，意味着消费者全部收入用来购买任何一种商品的数量都会因收入的增加而增加。

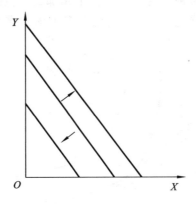

图 3-6　预算线的变动

2. 消费者收入不变，两种商品的价格同比例变化

两种商品价格同比例变化，意味着预算线的斜率不变，所以预算线的位置将会发生平移，如图 3-6 所示。

3. 消费者收入不变，一种商品的价格不变而另一种商品的价格发生变化

当消费者的收入 M 不变，商品 X 的价格 P_X 发生变化，而商品 Y 的价格 P_Y 保持不变，这时预算线的斜率$-P_X/P_Y$会发生变化,预算线的横截距M/P_X也会发生变化,但是,预算线的纵截距M/P_Y保持不变,如图3-7所示。如果商品X的价格保持不变,商品Y发生价格变动,预算线斜率不变的同时,其纵截距M/P_Y发生改变,如图3-8所示。

4. 消费者的收入和两种商品的价格同比例同方向变化

两种商品价格同比例变化,意味着预算线斜率$-P_X/P_Y$不变,消费者收入与两种商品价格同比例变化,那么横纵截距M/P_X、M/P_Y都不改变,即预算线完全不发生变化。

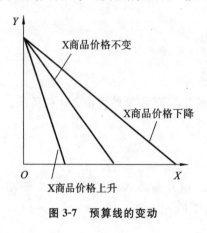

图 3-7 预算线的变动

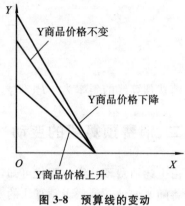

图 3-8 预算线的变动

第四节 消费者均衡

现在我们把无差异曲线和消费预算线结合起来,用来分析消费者均衡。

如果把无差异曲线与消费预算线合在一个图上,那么,消费预算线必定与无数条无差异曲线中的一条相切于一点,在这个切点上,就实现了消费者均衡。这可用图3-9来予以说明。

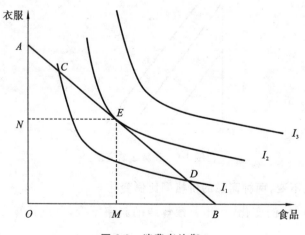

图 3-9 消费者均衡

在图3-9中,I_1、I_2、I_3为3条无差异曲线,AB为消费预算线,AB线与I_2相切于E点,这时实现了消费者均衡。这就是说:在收入与价格既定的情况下,消费者购买M数量的食品、N 件衣服,就能获得最大效用。

为什么只有在 E 点时,才能实现消费者均衡呢? 从图 3-9 上看,I_3 所代表的效用大于 I_2,但 I_3 与 AB 线既不能相交又不相切,说明达到 I_3 效用水平的食品和衣服的数量组合在收入与价格既定的条件下是无法实现的。AB 线与 I_1 相交于 C 点和 D 点,在 C 点和 D 点上所购买的食品和衣服的数量也是收入与价格既定条件下最大的组合,但 I_1 的效用小于 I_2,在 C 点和 D 点,食品与衣服的组合并不能达到最大效用。此外,I_2 除 E 点之外的其他各点也在 AB 线之外,即所属的食品与衣服数量的组合也是在收入与价格条件下所无法实现的,因此,只有在 E 点时,才能实现消费者均衡。预算线的斜率是两种商品的价格比,无差异曲线的斜率是商品的边际替代率,因此,消费者均衡的条件是在一定的预算约束下,为了实现最大的效用,消费者应该选择最优的商品组合,使得两商品的边际替代率等于两商品的价格之比,即

$$\text{MRS}_{XY} = \frac{\Delta Y}{\Delta X} = \frac{P_X}{P_Y}$$

此外,由于商品的边际替代率可以表示为两商品的边际效用之比,所以消费者效用最大化的均衡条件式,也可以写为:

$$\frac{\text{MU}_1}{\text{MU}_2} = \frac{P_1}{P_2}$$

整理得:

$$\frac{\text{MU}_1}{P_1} = \frac{\text{MU}_2}{P_2}$$

上式是消费者效用最大化的均衡条件的又一表达式。它的含义是:消费者应选择最优的商品组合,使得自己花费在各种商品上的最后一元钱所带来的边际效用相等,从而获得最大的效用。

第五节 收入和价格变化对需求量的影响

一、收入-消费曲线和恩格尔曲线

收入-消费曲线是在消费者的偏好和商品的价格不变的条件下,与消费者的不同收入水平相联系的消费者效用最大化的均衡点的轨迹。图 3-10 具体说明收入-消费曲线的形成。

在图 3-10(a)中,随着收入水平的不断增加,预算线由 AB 移至 $A'B'$,再移至 $A''B''$,于是,形成了三个不同收入水平下的消费者效用最大化的均衡点 E_1、E_2 和 E_3。如果收入水平的变化是连续的,则可以得到无数个这样的均衡点的轨迹,这便是图 3-10(a)中的收入-消费曲线。图 3-10(a)中的收入-消费曲线是向右上方倾斜的,它表示:随着收入水平的增加消费者对商品 1 和商品 2 的需求量都是上升的,所以,图 3-10(a)中的两种商品都是正常品。

在图 3-10(b)中,采用与图 3-10(a)中相类似的方法,随着收入水平的连续增加,描绘出了另一条收入消费曲线。但是图 3-10(b)中的收入-消费曲线是向后弯曲的,它表示:随着收入水平的增加,消费者对商品 1 的需求量开始是增加的,但当收入上升到一定水平之后,消

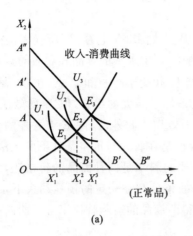
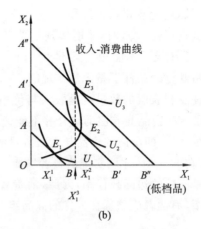

图 3-10 收入-消费曲线

费者对商品 1 的需求量反而减少了。这说明,在一定的收入水平上,商品 1 由正常品变成了低档品。我们可以在日常经济生活中找到这样的例子。例如,对某些消费者来说,在收入水平较低时,土豆是正常品;而在收入水平较高时,土豆就有可能成为低档品。因为在他们变得较富裕的时候,他们可能会减少对土豆的消费量,而增加对其他肉类的消费量。

恩格尔曲线(Engel Curve)是以 19 世纪德国著名统计学家恩格尔的名字命名的曲线。凡是反映收入变化与某种商品消费量变化之间关系的曲线都被称为恩格尔曲线。由消费者的收入-消费曲线可以推导出消费者的恩格尔曲线。

恩格尔曲线表示消费者在每一收入水平对某商品的需求量。与恩格尔曲线相对应的函数关系为 $X=f(I)$,其中,I 为收入水平;X 为某种商品的需求量。如图 3-10 所示中的收入-消费曲线反映了消费者的收入水平和商品的需求量之间存在着一一对应的关系:以商品 1 为例,当收入水平为 I_1 时,商品 1 的需求量为 X_1^1;当收入水平增加到 I_2 时,商品 1 的需求量增加为 X_1^2;当收入水平再增加到 I_3 时,商品 1 的需求量变动为 X_1^3。把这一对应的收入和需求量的组合描绘在相应的平面坐标图中,便可以得到相应的恩格尔曲线,如图 3-11 所示。

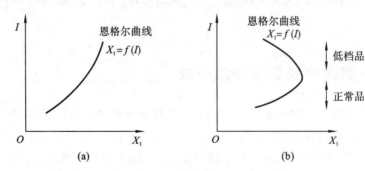

图 3-11 恩格尔曲线

图 3-11(a)和图 3-10(a)是相对应的,图中的商品 1 是正常品,商品 1 的需求量 X_1^1 随着收入水平 I 的上升而增加。图 3-11(b)和图 3-10(b)是相对应的,在一定的收入水平上,图中的商品 1 由正常品转变为低档品。或者说,在较低的收入水平范围,商品 1 的需求量与收入水平呈同方向的变动;在较高的收入水平范围,商品 1 的需求量与收入水平呈反方向的变动。

二、价格-消费曲线和需求曲线

在其他条件均保持不变时,一种商品价格的变化会使消费者效用最大化的均衡点的位置发生移动,由此可以得到价格-消费曲线。价格-消费曲线是在消费者的偏好、收入以及其他商品价格不变的条件下,与某一种商品的不同价格水平相联系的消费者效用最大化的均衡点的轨迹。下面用图 3-12 来说明价格-消费曲线的形成。

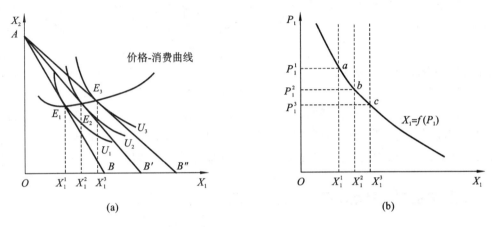

图 3-12 价格-消费曲线和消费者的需求曲线

在图 3-12 中,假定商品 1 的初始价格为 P_1^1,相应的预算线为 AB,它与无差异曲线 U_1 相切于效用最大化的均衡点 E_1。如果商品 1 的价格由 P_1^1 下降为 P_1^2,相应的预算线由 AB 移至 AB',于是,AB' 与另一种较高的无差异曲线 U_2 相切于均衡点 E_2。如果商品 1 的价格再由 P_1^2 继续下降为 P_1^3,相应的预算线由 AB' 移至 AB'',于是,AB'' 与另一条更高的无差异曲线 U_3 相切于均衡点 E_3……不难发现,随着商品 1 的价格的不断变化,可以找到无数个诸如 E_1、E_2 和 E_3 那样的均衡点,它们的轨迹就是价格-消费曲线。

消费者的价格-消费曲线可以推导出消费者的需求曲线。分析图 3-12(a)中价格-消费曲线上的三个均衡点 E_1、E_2 和 E_3,可以看出,在每一个均衡点上,都存在着商品 1 的价格与商品 1 的需求量之间一一对应的关系。根据商品 1 的价格和需求量之间的这种对应关系,把每一个 P_1 数值和相应的均衡点上的 X_1 数值绘制在商品的价格数量坐标图上,便可以得到单个消费者的需求曲线。这便是图 3-12(b)中的需求曲线 $X_1 = f(P_1)$。在图 3-12(b)中,横轴表示商品 1 的数量 X_1,纵轴表示商品 1 的价格 P_1。图 3-12(b)中需求曲线 $X_1 = f(P_1)$ 上的点 a、b、c 分别和图 3-12(a)中的价格-消费曲线上的均衡点 E_1、E_2 和 E_3 相对应。

至此,我们介绍了序数效用论者如何从对消费者经济行为的分析中推导出对消费者的需求曲线。由图 3-12 可见,序数效用论者所推导的需求曲线一般是向右下方倾斜的,它表示商品的价格和需求量呈反方向变化。尤其是,需求曲线上与每一价格水平相对应的商品需求量都是可以给消费者带来最大效用的均衡数量。

第六节 替代效应和收入效应

一、区分替代效应和收入效应

一种商品的名义价格(nominal price)发生变化后,将同时对商品的需求量产生两种影响:由商品的价格变动所引起的实际收入水平变动,进而由实际收入水平变动所引起的商品需求量的变动,称为收入效应。由商品的价格变动所引起的商品相对价格的变动,进而由商品的相对价格变动所引起的商品需求量的变动,称为替代效应。例如,在工资上涨时,一个人加班可以获得更多的工资,他可以选择加班赚钱,但也可以选择不加班,闲暇的时间用来娱乐。在这个问题上,当工资很低时,人们会加班,这体现了"替代效应"。但当一个人的工资已经足够高了,他会把自己闲暇的时间看得比工作值钱,这就是"收入效应"。该种商品价格变动所引起的该商品需求量变动的总效应=替代效应+收入效应。

二、正常品的替代效应和收入效应

图 3-13 描述了当其他商品(用 y 表示)价格不变,x 商品降价(预算线斜率改变)后的总效应、替代效应和收入效应。替代和收入两种效应的相对强弱取决于劳动供给曲线的特殊形状。当替代效应大于收入效应时,提高工资率会使劳动供给量增加,供给曲线上各点切线的斜率为正,向右上方延伸;当收入效应大于替代效应时,提高工资率反而会使劳动供给减少,所以劳动的供给曲线向后弯曲。

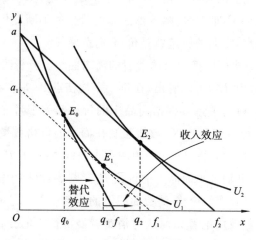

图 3-13 收入效应与替代效应

x 商品降价前,x 与 y 两商品的价格比率由预算线 af 表示,消费者达到效用最大化的均衡点在 E_0 点,在该点预算线 af 与无差异曲线 U_1 相切。与该切点相对应的 x 商品的购买量为 q_0。x 商品降价后,预算线由 af 变为 af_2,这条新的预算线表示 x、y 两商品的新的价格比率。新预算线与较高的无差异曲线相切,切点为 E_2 点。E_2 点是降价后消费者达到效用最大化的均衡点。与该点相对应的 x 商品的购买量为 q_2。可见，x 商品降价后，其需求量由 q_0 变到 q_2。根据这一变化，我们可以用不同条件下该商品需求量的变动，来分析总效应、替代效应与收入效应。某商品价格变化的总效应是，当消费者从一个均衡点移动到另一个均衡点时，该商品需求量的总变动。在图3-13中，总效应是 $q_2 - q_0$，而替代效应是 $q_1 - q_0$，收入效应是 $q_2 - q_1$。

这里所说的实际收入不变是指消费者维持在原来的效用水平上，但又要用新的价格比率（由预算线 af_2 的斜率表示）来度量这一不变的效用水平。降价后，为了使消费者效用水平不变，就必须画一条与预算线 af_2 相平行，但是与原无差异曲线 U_1 相切的预算线，在图3-13中，这条预算线是 a_1f_1。a_1f_1 与无差异曲线相切于 E_1 点。与 E_1 点相对应的 x 商品的购买量是 q_1。总效应与收入效应、替代效应之间的关系是，总效应等于收入效应加替代效应。就图 3-13 而言，$q_2 - q_0 = (q_1 - q_0) + (q_2 - q_1)$。

由于正常品的需求收入弹性大于零，因而正常品的收入效应是需求量与实际收入同方向变化，即实际收入增加，需求量增加；实际收入减少，需求量也减少。正常品的收入效应强化了替代效应。一种商品的价格降低，消费者会用该商品去替代其他商品，从而使得该商品需求量增加。但商品价格的下降同时也意味着实际收入的提高，对正常品而言，这就意味着需求量的增加。由于收入效应与替代效应在同一方向上起作用，所以，对正常品而言，其需求量与价格反方向变化。综上所述，对于正常品来说，替代效应与价格呈反方向的变动，收入效应也与价格呈反方向变动，在它们的共同作用下，总效应必定与价格成反方向的变动，正因为如此，正常品的需求曲线是向右下方倾斜的。

三、低档品的替代效应和收入效应

商品可分为正常品和低档品两大类，前者的需求量与消费者的收入水平呈同方向变动，即正常品的需求量随着消费者收入水平的提高而增加，随着消费者收入水平的下降而减少。低档品的需求量与消费者的收入水平呈反方向变动，即低档物品的需求量随着消费者收入水平的提高而减少，随着消费者收入水平的下降而增加。

若某种商品是低档品，其价格变化后，收入效应与替代效应在相反的方向起作用。因此，收入效应使得替代效应减弱。图 3-14 描述了低档品收入效应与替代效应的情况。

图 3-14 中，总效应是 $q_2 - q_0$；替代效应是 $q_1 - q_0$；收入效应等于总效应减替代效应，即收入效应 $= (q_2 - q_0) - (q_1 - q_0) = q_2 - q_1$。图 3-14 表明 q_2 小于 q_1，所以收入效应是负值，说明收入替代效应在相反的方向起作用。价格消费线（如图 3-14 中的箭头方向所示），收入效应小于零的结果是使得总效应小于替代效应。

尽管收入效应与替代效应在相反的方向起作用，由于在绝对值上替代效应大于收入效应，所以价格下降总的结果是该商品的需求量增加了，价格消费线仍向右方倾斜，由此而导出的需求曲线也是向右下方倾斜的。因此，即使是低档品，一般情况下也遵循需求法则，只不过需求曲线的价格弹性比较小。

综上所述，对于低档品来说，替代效应与价格呈反方向变动，收入效应与价格呈同方向变动，而且，在大多数场合，收入效应的作用小于替代效应的作用，所以总效应与价格呈反方向变动，相应的需求曲线是向右下方倾斜的。

但是，在少数场合，某些低档物品的收入效应的作用会大于替代效应的作用，于是就会

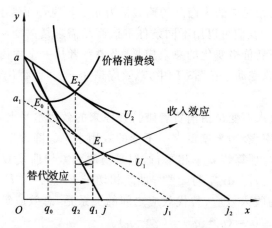

图 3-14 低档品收入效应与替代效应

出现违反需求曲线向右下方倾斜的现象,这类物品就是吉芬商品。

四、吉芬商品的替代效应和收入效应

若收入效应与替代效应在相反的方向起作用,而且从绝对值上讲,收入效应大于替代效应,则该商品是一种特殊的低档品,称为吉芬商品,如图 3-15 所示。

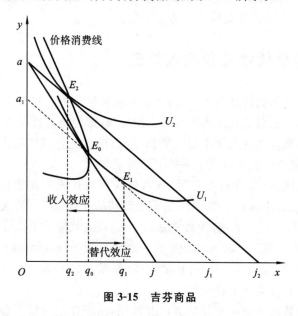

图 3-15 吉芬商品

图 3-15 显示了吉芬商品的收入效应与替代效应。图 3-15 中,总效应为 q_2-q_0,由于 q_2 小于 q_0,所以 x 商品降价后的总效应是负值,替代效应为 q_1-q_0,收入效应为 $(q_2-q_0)-(q_1-q_0)=q_2-q_1$。

由于 q_2 小于 q_1,所以收入效应为负值。又由于在绝对值上收入效应大于替代效应,所以,商品降价后总效应是负值,即需求量下降了。价格消费线向左方而不是向右方倾斜。

可以就商品降价后所产生的各种效应的变化归结如下:不管商品是正常品,还是一般的低档品,或是吉芬商品,商品降价后的替代效应总是正值,这表明,只要该商品降价,消费者就会用该商品去替代其他商品。对于正常品而言,收入效应与替代效应在同一方向上起作用,表明在商品降价后,收入效应与替代效应都是正值,总效应必然大于零,表示商品降价后需求量增加。对于一般的低档品而言,虽然收入效应与替代效应在相反的方向起作用,但是在绝对值上替代效应仍然大于收入效应,商品降价后正值的替代效应在绝对值上大于负值的收入效应,总效应仍然大于零,表示商品降价后需求量也是增加的。只有那些特殊低档品即吉芬商品,在商品降价后不仅收入效应与替代效应在相反的方向起作用,而且在绝对值上收入效应大于替代效应,导致商品降价后总效应小于零。这表明商品降价后,需求量不仅没有增加,反而减少了。综上所述,吉芬商品是一种特殊的低档品,作为低档品,吉芬商品的替代效应与价格呈反方向变动,收入效应则与价格呈同方向变动。吉芬商品的特殊性就在于:它收入效应的作用很大,以至于超过了替代效应的作用,从而使得总效应与价格呈同方向变动。这也就是吉芬商品的需求曲线呈现出向右上方倾斜的特殊形状的原因。

应该注意的是,不要混淆吉芬商品与低档品。低档品是从需求与收入的关系定义的,即需求的收入弹性小于零的商品是低档品。而吉芬商品是从需求量与价格的关系定义的,即需求量与价格同方向变化的商品是吉芬商品,只不过在讨论吉芬商品时用到了收入效应的概念。

【本章小结】

1. 效用是从人的欲望出发,分析人的欲望满足程度的评价指标。效用分为总效用和边际效用。边际效用递减规律具有普遍性,并据此说明需求和需求曲线。

2. 对消费者满足程度的衡量,有两种不同的观点。一种观点认为,满足程度可以用"1,2,3…"这样的基数来衡量其绝对大小,这就是基数效用论。另外一种观点认为,满足程度只能根据偏好程度用"第一,第二,第三…"这样的序数来衡量,这就是序数效用论。

3. 消费者收入是有限的。当消费者把他有限的收入全部用于购买两种商品时,得到的这两种商品的可能的集合,在几何上的表示就是所说的"消费预算线"。消费预算线说明了消费者的预算约束。

4. 无差异曲线是表示两种物品的各种组合,这些组合对消费者产生的满足程度都具有完全相同的效用。无差异曲线是用序数效用论分析消费者行为,并用以解释需求曲线的成因的主要分析工具。

5. 消费者均衡是消费者效用达到最大时的状态。在基数效用论中,当任意两种商品的边际效用之比等于相应的价格之比时,消费者达到了均衡;在序数效用论中,在无差异曲线与消费预算线的切点上,消费者达到了均衡。

6. 消费者剩余是指消费者愿意支付的价格与实际支付的价格之间的差额。增加消费者剩余的原理就是提高消费者对商品的效用评价,从而提高消费者愿意支付的价格水平。这时,消费者感到他的福利提高了,生产者利润也增加了。

【思考与练习】

一、重要概念

效用 边际效用 无差异曲线 边际替代率 消费预算线 消费者均衡 消费者剩余

二、选择题

1. 总效用达到最大时,(　　)。
   A. 边际效用为最大　　　　　　　B. 边际效用为零
   C. 边际效用为正　　　　　　　　D. 边际效用为负

2. 已知消费者收入是100元,商品 X 的价格是10元,商品 Y 的价格是3元。假定他打算购买7单位 X 和10单位 Y,这时商品 X 和商品 Y 的边际效用分别是50和18。如果获得最大效用,他应该(　　)。
   A. 停止购买　　　　　　　　　　B. 增购 X,减少 Y 的购买量
   C. 减少 X 的购买量,增购 Y　　　D. 同时增购 X 和 Y

3. 同一条无差异曲线上的不同点表示,(　　)。
   A. 效用水平不同,但所消费的两种商品组合比例相同
   B. 效用水平相同,但所消费的两种商品组合比例不同
   C. 效用水平不同,两种商品组合比例也不相同
   D. 效用水平相同,两种商品组合比例也相同

4. 预算线的位置和斜率取决于(　　)。
   A. 消费者的收入　　　　　　　　B. 商品价格
   C. 消费者的收入和商品价格　　　D. 消费者的偏好、收入和商品的价格

5. 商品 X 和商品 Y 的价格按相同的比率上升,而收入不变,预算线(　　)。
   A. 向右下方平行移动　　　　　　B. 向右上方平行移动
   C. 向左下方平行移动　　　　　　D. 不变动

6. 商品 X 和商品 Y 的价格以及消费者的预算收入都按同一比率变化,则预算线(　　)。
   A. 向右下方平行移动　　　　　　B. 向右上方平行移动
   C. 向左下方或右上方平行移动　　D. 不变动

7. 消费预算线反映了(　　)。
   A. 消费者的收入约束　　　　　　B. 消费者的偏好
   C. 消费者人数　　　　　　　　　D. 货币的购买力

8. 假定其他条件不定,如果某种商品的价格下降,根据效用最大化原则,消费者会(　　)这种商品的购买。
   A. 增加　　　　　　　　　　　　B. 减少
   C. 不改变　　　　　　　　　　　D. 增加或减少

9. 消费预算线绕着它与纵轴的交点向外移动的原因是(　　)。
   A. 商品 X 的价格上升　　　　　　B. 商品 X 的价格下降
   C. 商品 Y 的价格上升　　　　　　D. 商品 X 和商品 Y 的价格同时上升

三、思考题

1. 什么是边际效用递减规律?
2. 基数效用论和序数效用论的基本观点是什么?它们各采用何种分析方法?
3. 简述基数效用论下消费者均衡的原则。
4. 无差异曲线有何特征?为什么有此特征?

5. 序数效用论下消费者均衡的条件是什么？

6. 水是不可缺少的，而钻石却可有可无，但为什么在市场上水的价格要远低于钻石呢？

7. 画图分析消费者追求效用最大化的行为选择，并在此基础上推导单个消费者的需求曲线。

四、计算题

1. 已知某消费者每年用于商品 X 和商品 Y 的收入为 540 元，两种商品的价格分别为 $P_X=20$ 元，$P_Y=30$ 元，该消费者效用函数为 $U=3XY$，则两种商品购买量各是多少？最大效用是多少？

2. 已知某消费者的效用函数为 $U=3XY$，两种商品的价格分别是 $P_X=1$，$P_Y=2$，消费者的收入是 12，求均衡时消费者获得的最大效用。

第四章 生产理论

【学习目标与要求】

通过本章学习,学生需要掌握生产要素、生产函数、总产量、平均产量、边际产量、边际报酬递减规律、等产量曲线、边际技术替代率、等成本线、规模报酬等基本概念;了解企业组织理论、生产技术与生产函数、短期生产函数与生产要素的合理利用、长期生产函数与生产要素的合理配置;了解企业的本质与目标、几种常见的生产函数;掌握边际报酬递减规律、边际技术替代率递减规律;学会用一种可变生产要素的投入、生产三个阶段的静态分析的方法来阐述生产者行为理论。

假如你是一个企业家,不论是大公司的总经理还是小企业的老板,你经营的唯一目的是实现利润最大化,那么,你在经营活动中一定要考虑三个问题。①投入的生产要素与产量的关系。即如何在生产要素既定时使产量最大,或者说,在产量既定时使投入的生产要素最小。②成本与收益的关系。要使利润最大化,就是要使扣除成本后的收益达到最大化,这就是进行成本-收益分析,并确定一个利润最大化的原则。③市场问题。市场有各种状态,即竞争与垄断的程度不同时,应该如何确定自己产品的产量与价格。针对以上问题,我们分三章进行介绍。本章主要说明如何合理地投入生产要素,并从中得出若干生产规律。

第一节 厂商与生产函数

案例导入

2003年9月18日,深圳康佳正式宣布旗下产品全线降价,降幅最高达20%,其中四款热销手机实现全国统一零售价:不超过1600元! 其中还包括一个上市不到两个月的新品! 产品价格的"高台跳水",对于康佳来说已不是首次,在2003年4月,康佳彩屏先锋已成为彩屏手机价格雪崩的"始作俑者"。康佳再次重拳出击,让人不禁产生疑问:这种持续的降价领先策略是否会削弱康佳的盈利能力? 规模与利润之间,国产手机如何做到"鱼"与"熊掌"兼得? 面对质疑,深圳康佳通信科技总经理黄仲添肯定地表示:"利润与规模是相辅相成的关系。没有规模的利润是虚假的繁荣,是空中楼阁;没有利润的规模是虚假的销量,是不可持续的泡沫。康佳现阶段追求的,就是适度利润下的规模最大化。"

一、厂商

生产理论研究的是生产者行为。生产者的行为决定了产品的供给。经济分析中的生产者又称厂商或企业,是指能够做出统一的生产决策的单个经济单位。在微观经济学中,根据理性人的基本前提,一般总是假设厂商的生产目标是追求自身的最大利润。本章旨在考察生产者在生产过程中投入生产要素的数量和产品的产出数量之间的技术关系,这种关系通常用生产函数来表示。

二、生产函数

生产函数表示在一定时期内,在生产技术状况给定条件下,厂商生产中所使用的各种生产要素的数量与所能生产的最大产量之间的关系。一般来说,生产要素包括劳动、资本、土地、企业家才能。劳动是劳动力在生产中所提供的服务;资本是生产中使用的厂房、设备、原料等;土地指各种自然资源;企业家才能是企业家对整个生产过程的组织与管理工作。如果用 Q 代表总产量,用 L 代表劳动,K 代表资本,N 代表土地,E 代表企业家才能,生产函数的公式为:

$$Q = f(L, K, N, E)$$

一个生产函数表达多种生产要素以一定数量的组合在给定技术条件下可能产出的最大产量。因此,假如由于生产技术进步,使得一定量投入会产出更多产量,或者既定产量所需投入较前减少,则表现为另一个生产函数。

一般来说,在生产要素中,自然资源是既定的,企业家才能虽然在生产中非常重要,但难以计算,因此,考虑生产要素与产量之间的关系实际上就是考察劳动与资本和产量之间的关系。这样,生产函数的公式可表示为:

$$Q = f(L, K)$$

如果再假定资本是固定不变的,因而产量 Q 随 L 的变动而变动,生产函数可表示为:$Q=f(L,K)$。例如,假设生产函数是:$Q=KL-0.5L^2-0.3K^2$。

如果再假定资本 K 的数量既定不变,我们可以考察产量是怎样随着投入劳动 L 的变化而变化。如假定 $K=10$,则生产函数可表示为:

$$Q = f(L, K) = f(L) = 10L - 0.5L^2 - 30$$

该式表明,与 L 任一给定值相应有一个产出量 Q。

生产函数一般可分为两种类型:一是固定比例生产函数;二是可变比例生产函数。如果生产一种产品使用的 L 与 K 的组合比例固定不变的,称为固定技术系数。也就是说,要扩大(或缩减)产量,L 与 K 必须同比例增加(或减少)。如 L 与 K 的组合比例是 $L:K=1:3$,当劳动增加 1 倍为 2 时,资本的数量也必须增加 1 倍,即从 3 个单位增加为 6 个单位,这样的生产函数称为固定比例生产函数。固定比例生产函数中各种生产要素彼此之间不能替代。例如,织布需要一定比例的织布机和棉纱,织布机和棉纱不能相互替代,仅增加织布机不增加棉纱,布的产量不能提高。只有在增加织布机的同时按固定技术系数增加棉纱的投入,布的产量才能同比例地增加。

但大多数产品的生产,劳动与资本的组合比例是可以变动的,我们把这种生产函数称为可变比例生产函数,而各种生产要素可以改变的组合比例则称为可变技术系数。可变比例生产函数中的各种生产要素则可以相互替代。那么,为了生产出一定数量的产品,可以采用多用劳动少用资本的劳动密集型生产方法,也可以采用多用资本少用劳动的资本密集型生产方法。例如,对洗衣服而言,洗衣机和洗衣工可以相互替代,洗同样数量的衣服,可以多用洗衣机少用洗衣工,也可以多用洗衣工少用洗衣机,洗衣机和洗衣工的比例是可变的。

第二节　短期生产函数

微观经济学的生产理论可以分为短期生产理论和长期生产理论。短期是指生产者无法调整全部生产要素的数量,至少有一种生产要素的数量是固定不变的时间周期。长期是指生产者可以调整全部生产要素的数量的时间周期。相应地,在短期内,生产要素投入可以区分为固定要素和可变要素。生产者在短期内无法进行数量调整的那部分要素投入是固定要素,如机器设备、厂房等。生产者在短期内可以进行数量调整的那部分要素投入是可变要素,如劳动力、原材料、燃料等。在长期中,生产者可以调整全部的要素投入。例如,生产者根据企业的经营状况,可以缩小或扩大生产规模,甚至还可以加入或退出一个行业的生产。由于在长期里所有的要素投入量都是可变的,因而也就不存在可变要素和固定要素之分。可见,短期和长期的划分是以生产者能否变动所有要素投入的数量为标准。

微观经济学通常以一种可变生产要素的生产函数考察短期生产理论,以两种可变生产要素的生产函数考察长期生产理论。本节介绍短期生产理论,下一节介绍长期生产理论。

一、一种可变生产要素的生产函数

由生产函数 $Q = f(L, \overline{K})$ 出发,假定资本投入量是固定的,用 $\overline{K}$ 表示,劳动投入量是可变的,用 L 表示,则生产函数可以写成:

$$Q = f(L, \overline{K})$$

由于资本 K 不变,所以在短期内,产量是劳动要素投入的函数,并随着劳动而变动,因此,该函数通常记作:

$$Q = f(L)$$

这就是通常采用的一种可变生产要素的生产函数的形式,它也被称为短期生产函数。

二、总产量、平均产量和边际产量

总产量(total physical product,TP)是投入一定量的某种生产要素所生产出来的全部产量。公式为:

$$TP = f(L)$$

平均产量(average product,AP)是平均每单位某种生产要素所生产出来的产量。公式为:

$$AP = \frac{TP}{L}$$

边际产量(marginal product,MP)指增加一单位生产要素的投入所增加的产量,用 MP 表示。公式为:

$$MP=\frac{\Delta TP}{\Delta L}$$

假定生产某种产品时所用的生产要素是资本与劳动。其中资本是固定的,劳动是可变的,则可做出表 4-1。根据表 4-1 可以做出图 4-1。

表 4-1　劳动对总产量、平均产量和边际产量的影响

劳动(L)	0	1	2	3	4	5	6	7	8
总产量(TP)	0	6	13.5	21	28	34	38	38	37
平均产量(AP)	0	6	6.75	7	7	6.8	6.3	5.4	4.6
边际产量(MP)	0	6	7.5	7.5	7	6	4	0	−1

在图 4-1 中,横轴代表劳动量 L,纵轴 TP、AP、MP 分别代表总产量、平均产量与边际产量,TP 为总产量曲线,AP 为平均产量曲线,MP 为边际产量曲线,分别表示随劳动量变动总产量、平均产量与边际产量变动的趋势。

根据图 4-1,我们可以看出总产量、平均产量、边际产量之间的关系有以下几个特点。第一,在资本量不变的情况下,随着劳动量的增加,总产量、平均产量和边际产量都是递增的,但各自增加到一定程度之后都分别开始递减。总产量曲线、平均产量曲线和边际产量曲线都是先上升而后下降的。这反映了边际收益递减规律。第二,边际产量曲线与平均产量曲线相交于平均产量曲线的最高点。在相交前,平均产量是递增的,边际产量大于平均产量(MP>AP);在相交后,平均产量是递减的,边际产量小于平均产量(AP>MP);在相交时,平均产量达到最大,边际产量等于平均产量(MP=AP)。第三,当边际产量为零时,总产量达到最大,以后,当边际产量为负数时,总产量就会减少。

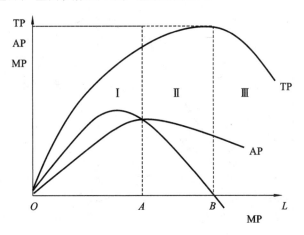

图 4-1　总产量、平均产量与边际产量曲线

三、边际报酬递减规律

由表 4-1 和图 4-1 可以清楚地看到,对一种可变生产要素的生产函数来说,边际产量表现出先上升而最终下降的特征,这一特征被称为边际报酬递减规律,有时也被称为边际收益递减规律或边际产量递减规律。

西方经济学家指出,在生产中普遍存在这样一种现象:在技术水平不变的情况下,当把一种可变的生产要素投入到一种或几种不变的生产要素中时,当这种可变要素的投入量小于某一特定值时,增加该可变要素投入所带来的边际产量是递增的;当这种可变要素的投入量连续增加并超过这个特定值时,增加该要素投入所带来的边际产量是递减的。边际收益递减规律之所以存在,是因为在生产过程中,可变生产要素和不变生产要素之间存在着一个最佳的配合比例,并且它们在生产中通过相互结合、相互协作而发挥效能。

边际报酬递减规律是从科学实验和生产实践中得出来的,在农业中的作用最明显。如有些地方在有限的土地上盲目密植,造成减产的事实就证明了这一规律。这一规律同样存在于其他部门,如工业部门中劳动力增加过多,会使生产率下降;行政部门中机构过多,人员过多也会降低行政办事效率,造成官僚主义。俗话说"一个和尚担水吃,两个和尚抬水吃,三个和尚没水吃",正是对边际报酬递减规律的形象表述。

边际报酬递减规律强调的是:在任何一种产品的短期生产中,随着一种可变要素投入量的增加,边际产量最终会呈现出递减的特征。或者说,该规律提醒人们要看到在边际产量递增阶段后必然会出现边际产量递减阶段。

四、短期生产的三个阶段

在确定一种生产要素的合理投入时,我们来分析边际产量、平均产量和总产量之间的相互关系。图 4-2 就是一张标准的一种可变生产要素的生产函数的产量曲线图,它反映了短期生产的有关产量曲线相互之间的关系。

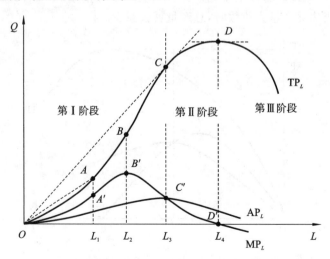

图 4-2 一种可变生产要素的生产函数的产量曲线

在图 4-2 中可以清楚地看到,由边际报酬递减规律决定的劳动产量 MP_L 曲线先是上升的,并在 B' 点达到最高点,然后再下降。从短期生产的这一基本特征出发,我们利用图 4-2 从以下三个方面来分析总产量、平均产量和边际产量相互之间的关系。

第一,关于边际产量和总产量之间的关系。根据边际产量的定义公式可以推知,过 TP_L 曲线任意一点的切线的斜率就是相应的 MP_L 值。正是由于每一个劳动投入量上的 MP_L 值就是相应的总产量 TP_L 曲线的斜率,所以,在图 4-2 中 MP_L 曲线和 TP_L 曲线之间存在着这样的对应关系:在劳动投入量小于 L_4 的区域,MP_L 均为正值,则相应的 TP_L 曲线的斜率为正,即 TP_L 曲线是上升的;在劳动投入量大于 L_4 的区域,MP_L 均为负值,则相应的 TP_L 曲线的斜率为负,即 TP_L 曲线是下降的。当劳动投入量恰好为 L_4,MP_L 为零值,则相应的 TP_L 曲线的斜率为零,即 TP_L 曲线达到最大值点。以上这种关系可以简单地表示为:只要边际产量为正,总产量就会增加;只要边际产量为负,总产量总会减少;当边际产量为零时,总产量达到最大值。显然,MP_L 曲线的最大值点 B' 和 TP_L 曲线的拐点 D 是相互对应的。

第二,关于平均产量和总产量之间的关系。根据平均产量的定义公式,可以推知,连接 TP_L 曲线上任意一点和坐标原点的线段的斜率,就是相应的 AP_L 值。正是由于这种关系,所以,在图 4-2 中当 AP_L 曲线在 C' 点达到最大值时,TP_L 曲线必然有一条从原点出发的最陡的连线即一条切线,其切点为 C 点。

第三,关于边际产量与平均产量之间的关系。在图 4-2 中,我们可以看到 MP_L 曲线和 AP_L 曲线相交于 AP_L 曲线的最高点 C'。在 C' 点以前,MP_L 曲线高于 AP_L 曲线,MP_L 曲线将 AP_L 曲线拉上;在 C' 点以后,MP_L 曲线低于 AP_L 曲线,MP_L 曲线将 AP_L 曲线拉下。不管是上升还是下降,MP_L 曲线的变动都快于 AP_L 曲线的变动。因此,就平均产量 AP_L 和边际产量 MP_L 来说,当 $MP_L > AP_L$ 时,AP_L 曲线是上升的;当 $MP_L < AP_L$ 时,AP_L 曲线是下降的;当 $MP_L = AP_L$ 时,AP_L 曲线达到最大值。又由于边际报酬递减规律作用下的 MP_L 曲线是先升后降,所以,当 MP_L 曲线和 AP_L 曲线相交时,AP_L 曲线必达到最大值。

如图 4-2 所示,根据短期生产的总产量曲线、平均产量曲线和边际产量曲线之间的关系,可将短期生产分为三个阶段。

Ⅰ阶段是劳动量从零增加到 L_3。这一阶段,平均产量一直在增加,边际产量大于平均产量。这说明,在这一阶段,相对不变的资本量不足,所以劳动量的增加可以使资本得到充分利用,从而产量递增。由此看来,劳动量最少要增加到 L_3 才行,否则资本无法得到充分利用。

Ⅱ阶段是劳动量从 L_3 增加到 L_4。这一阶段,平均产量开始下降,边际产量递减,即增加劳动量仍可使边际产量增加,但增加的比率是递减的。由于边际产量仍然大于零,总产量仍在增加。在劳动量增加到 L_4 时,总产量可以达到最大。

Ⅲ阶段是劳动量增加到 L_4 以后,这时边际产量为负数,总产量减少。由此看来,劳动量的增加超过 L_4 点之后是不利的。

从以上的分析可以看出,劳动量的增加应在Ⅱ区域为宜。但具体在Ⅱ区域的哪一点上,还需要考虑其他因素。首先要考虑厂商的目标,如果厂商的目标是使平均产量达到最大,那么,劳动量增加到 L_3 就可以了;如果厂商的目标是使总产量达到最大,那么,劳动量就可以增加到 L_4。其次,如果厂商以利润最大化为目标,那就要考虑成本、产品价格等因素。因为平均产量为最大时,并不一定利润是最大的;总产量为最大时,利润也不一定是最大的。劳动量增加到哪一点所达到的产量能实现利润最大化,还必须结合成本与产品价格来分析。

第三节 长期生产函数

 案例导入

巨人集团曾经是一个红遍全国的知名企业,历经不到 2 年时间就成为销售额近 4 亿元,利税近 5 000 万元,员工有 2 000 多人的大企业。1993 年,随着计算机行业步入低谷,巨人集团开始向其他产业转移,先后涉足了房地产、保健品等行业,想通过多元化的经营策略来降低风险,但是由于资产规模的急剧膨胀,管理上出现了混乱。多元化的快速发展使得巨人集团自身的弊端一下子暴露无遗,随着巨人大厦的财务危机以及集团内部始终存在的管理隐患,声名赫赫的巨人集团历经不到 4 年就如同泡沫般地破裂了。这个例子正是说明了经营规模是一把"双刃剑",利用好了可以促进企业的发展;如果不能好好把握,就变成成功企业家的"滑铁卢"。

本节介绍长期生产理论。为了简化分析,通常以两种可变生产要素的生产函数来考察长期生产问题。假定生产者使用劳动和资本两种可变生产要素来生产一种产品,则两种可变生产要素的长期生产函数可写为:

$$Q = f(L, K)$$

式中:L 为可变要素劳动的投入量;K 为可变要素资本的投入量;Q 为产量。

在技术系数可以变动,即两种生产要素的配合比例可以变动的情况下,这两种生产要素按什么比例配合最好呢?这就是生产要素最适组合所研究的问题。生产要素的最适组合,与消费者均衡是很相似的。消费者均衡是研究消费者如何把既定的收入分配于两种产品的购买与消费上,以达到效用最大化,生产要素的最适组合,是研究生产者如何把既定的成本(即生产资源)分配于两种生产要素的购买和生产上,以达到利润最大化。在此,我们运用等产量曲线分析法,说明厂商在长期生产中对最优生产要素组合的选择。

一、等产量曲线

在用等产量分析来说明生产要素最适组合时,首先要介绍等产量曲线。等产量曲线是表示两种生产要素的不同数量的组合可以带来相等产量的一条曲线,或者说是表示某一固定数量的产品,可以用所需要的两种生产要素的不同数量的组合生产出来的一条曲线。

假设,现在资本与劳动两种生产要素有 A、B、C、D 四种组合方式,这四种组合方式都可以达到相同的产量,如表 4-2 所示。

表 4-2 能带来相同产量的两种生产要素的组合形式

组合方式	资本(K)	劳动(L)
A	6	1
B	3	2

续表

组合方式	资本(K)	劳动(L)
C	2	3
D	1	6

根据表 4-2,可绘制出图 4-3。在图 4-3 中,横轴代表劳动量 L,纵轴代表资本量 K,Q 为等产量线,即线上任何一点所表示的资本与劳动不同数量的组合,都能生产出相等的产量。等产量线与无差异曲线相似,所不同的是,它所代表的是产量,而不是效用。

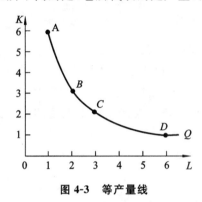

图 4-3　等产量线

等产量线具有以下特征。

第一,等产量线是一条向右下方倾斜的线,其斜率为负值。这就表明,在生产者的资源与生产要素价格既定的条件下,为了达到相同的产量,在增加一种生产要素时,必须减少另一种生产要素。两种生产要素同时增加,是资源既定时无法实现的;两种生产要素同时减少,不能保持相同的产量水平。

第二,在同一平面图上,可以有无数条等产量线。同一条等产量线代表相同的产量,不同的等产量线代表不同的产量水平。离原点越远的等产量线所代表的产量水平越高,离原点越近的等产量线所代表的产量水平越低,可以用图 4-4 表示这一点。在图 4-4 中,Q_1、Q_2、Q_3 是三条不同的等产量线,它们分别代表不同的产量水平,$Q_1 < Q_2 < Q_3$。

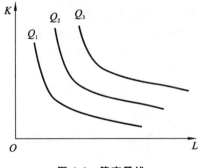

图 4-4　等产量线

第三,同一平面图上,任何两条等产量线不能相交。因为在交点上两条等产量线代表了相同的产量水平,与第二条特征相矛盾。

第四,等产量曲线凸向原点。在保持相同产量水平条件下,两种要素存在替代关系,一种要素增加,另一个要素必然减少。等产量曲线凸向原点,是由边际技术替代率递减决定的。

边际技术替代率(the marginal rate of technical substitution,MRTS),是在维持产量水平不变的条件下,增加一单位某种生产要素的投入量时所减少的另一种生产要素的投入数量。劳动对资本的边际技术替代率的公式为:

$$\mathrm{MRTS}_{LK} = -\frac{\Delta K}{\Delta L}$$

式中:ΔK 和 ΔL 分别为资本投入量的变化量和劳动投入量的变化量。公式中加一个负数是为了使 MRTS 值在一般情况下为正值,以便于比较。或者,

$$\mathrm{MRTS}_{LK} = \lim_{\Delta L \to 0} -\frac{\Delta K}{\Delta L} = -\frac{\mathrm{d}K}{\mathrm{d}L}$$

从公式可以看出,等产量曲线上某一点的边际技术替代率就是等产量曲线在该点的斜率的绝对值。边际技术替代率还可以表示为两种生产要素的边际产量之比。这是因为,对于任意一条给定的等产量曲线来说,当用劳动投入去替代资本投入时,在维持产量水平不变的前提下,由增加劳动投入量所带来的总产量的增加量和由减少资本量所带来的总产量的减少量必定是相等的。则:

$$|\Delta L \cdot \mathrm{MP}_L| = |\Delta K \cdot \mathrm{MP}_K|$$

整理得:

$$-\frac{\Delta K}{\Delta L} = \frac{\mathrm{MP}_L}{\mathrm{MP}_K}$$

由边际技术替代率的定义公式得:

$$\mathrm{MRTS}_{LK} = -\frac{\Delta K}{\Delta L} = \frac{\mathrm{MP}_L}{\mathrm{MP}_K} \quad \text{或} \quad \mathrm{MRTS}_{LK} = -\frac{\mathrm{d}K}{\mathrm{d}L} = \frac{\mathrm{MP}_L}{\mathrm{MP}_K}$$

在两种生产要素相互替代的过程中,普遍存在着边际技术替代率递减规律。即当一种生产要素的投入量不断增加时,每一单位的这种生产要素所能替代的另一种生产要素的数量是递减的。主要原因在于:任何一种产品的生产技术都要求各要素投入之间有适当的比例。以劳动和资本两种要素投入为例,在劳动投入量很少和资本投入量很多的情况下,减少一些资本投入量可以很容易地通过增加劳动投入量来弥补,以维持原有的产量水平,即劳动对资本的替代是很容易的。但是,在劳动投入增加到相当多的数量和资本投入量减少到相当少的数量的情况下,再用劳动去替代资本就将是很困难的了。等产量曲线上某一点的边际技术替代率就是等产量曲线在该点的斜率的绝对值,又由于边际技术替代率是递减的,所以等产量曲线的斜率的绝对值是递减的,即等产量曲线是凸向原点的。

二、等成本线

在运用等产量线来分析生产要素的最适组合时,我们还必须了解另一个概念:等成本线。

等成本线又称企业预算线,它是一条表明在生产者的成本与生产要素价格既定的条件下,生产者所能购买到的两种生产要素数量的最大组合的线。

假定某企业有货币成本 600 元,劳动的价格为 2 元,资本的价格为 1 元,如果全购买劳动,可购买 300 单位,如果全购买资本,可购买 600 单位,这样,可绘制出图 4-5。

在图 4-5 中,连接 A、B 点则为等成本线。该线上的任何一点,都是在货币与生产要素价

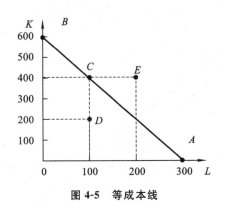

图 4-5 等成本线

格既定条件下,能购买到的劳动与资本的最大数量的组合。例如,在 C 点,购买 100 单位劳动,400 单位资本,正好用完 600 元(2 元×100+1 元×400=600 元)。该线内的任意一点所购买的劳动和资本的组合,都可以实现,但并不是最大数量的组合,即没有用完货币。例如,在 D 点,购买 100 单位劳动,200 单位资本,只用了 400 元(2 元×100+1 元×200=400 元);在该线外的任意一点,所购买的资本和劳动的组合大于 C 点,无法实现,因为所需要的货币超过了既定的成本。例如,在 E 点,购买 200 单位劳动,400 单位资本,这时要支出 800 元(2 元×200+1 元×400=800 元),无法实现。等成本线是使用等产量分析研究生产要素最适组合的限制条件。

假定要素市场上既定的劳动的价格即工资率为 w,既定的资本的价格即利息率为 r,厂商既定的成本支出为 C,则成本方程为:

$$C = wL + rK$$

由成本方程可得:

$$K = -\frac{w}{r}L + \frac{C}{r}$$

由公式可知,等成本线的斜率为两种生产要素价格之比的负值。

三、生产者均衡

生产者均衡,即生产要素的最优组合,是指以最小成本生产最大产量的生产要素的组合比例。前面部分已经说明,等产量线表示生产任一既定产量所需两种生产要素的各种可能组合,而等成本线描述了任一既定总成本可能买进的两种生产要素的各种可能的组合。厂商的理性决策就是确定一个他要购买的两种生产要素的组合,以便用最低的总成本来生产既定数量的产品;或者在既定数量的总成本下实现最大产量。

1. 既定产量条件下的成本最小化

由于产量既定,所以只有一条等产量曲线。如图 4-6 中的三条等成本线,C_1 的成本太低,不能达到生产产量水平 Q。生产同样的产量,厂商既可以选择等产量曲线和 C_3 的两个交点 M 和 N 所对应的两种生产要素的组合,也可以选择 C_2 代表的成本水平,使用等产量曲线和 C_2 的切点 E 所对应的两种要素的组合。很显然,只有 E 点所代表的劳动和资本的组合,才是厂商的生产均衡点。

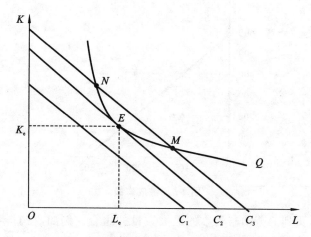

图 4-6 产量既定条件下成本最小的要素组合

2. 既定成本条件下的产量最大化

如图 4-7 所示,由于成本既定,所以图中只有一条等成本线,图中三条等产量曲线,其中 Q_1 代表的产量水平最高,但既定的总成本太低,无法生产 Q_3 代表的产量水平。等成本线与 Q_1 有两个交点 M 和 N,与 Q_2 有一个切点 E,这说明既定的成本支出既可以采取 M 和 N 所代表的要素组合生产 Q_1 的产量,也可以采取 E 点所代表的要素组合生产 Q_2 的产量,而 Q_2 代表的产量水平大于 Q_1,所以只有 E 点才是生产要素的最优组合点。

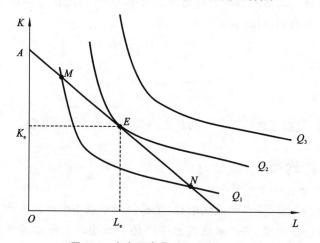

图 4-7 生产要素最适组合图

无论产量既定还是成本既定,等成本线和等产量线的切点 E,都是生产者均衡点。在该点上,等产量曲线的斜率正好是等成本线的斜率。由于等产量线的斜率的经济含义是两种生产要素的边际产量之比,而等成本线斜率的经济含义是两种生产要素的价格之比,所以生产者均衡或生产要素最优组合的条件是:

$$\text{MRTS}_{LK} = \frac{\text{MP}_L}{\text{MP}_K} = \frac{P_L}{P_K}$$

即为了实现既定条件下的最大产量,厂商必须选择最优的生产组合,使得两要素的边际技术替代率等于两要素的价格比例。上式也可写为:

$$\frac{MP_L}{P_L} = \frac{MP_K}{P_K}$$

即厂商可以通过对两要素投入量的不断调整,使得最后一单位的成本支出无论用来购买哪一种生产要素所获得的边际产量都相等,从而实现既定条件下的最大产量。

第四节　规模报酬原理

亚当·斯密在其名著《国民财富的性质和原因的研究》中,根据他对一个扣针厂的参观描述了一个例子。斯密所看到的工人之间的专业化和引起的规模经济给他留下了深刻的印象。他写道:"一个人抽铁丝,另一个人拉直,第三个人截断,第四个人削尖,第五个人磨光顶端以便安装圆头;做圆头要求有两三道不同的操作;装圆头是一项专门的业务,把针涂白是另一项;甚至将扣针装进纸盒中也是一门职业。"斯密说,由于这种专业化分工,扣针厂每个工人每天生产几千枚针。他得出的结论是,如果工人选择分开工作,而不是作为一个专业工作团队,"那他们肯定不能每人每天制造出 20 枚扣针,或许连 1 枚也造不出来",换句话说,由于专业化,大扣针厂可以比小扣针厂实现更高人均产量和每枚扣针更低的平均成本。斯密在扣针厂观察到的专业化在现代经济中普遍存在。例如,如果你想盖一个房子,你可以自己努力去做每一件事。但大多数人找建筑商,建筑商又雇佣木匠、瓦匠、电工、油漆工和许多其他类型工人。这些工人专门从事某种工作,而且,这使他们比作为通用型工人时做得更好。实际上,运用专业化实现规模经济是现代社会繁荣的一个重要原因。

规模报酬分析涉及的是企业的生产规模变化与所引起的产量变化之间的关系。企业只有在长期内才可能变动全部生产要素,进而变动生产规模,因此,企业的规模报酬分析属于长期生产理念问题。

在生产理论中,通常是以全部的生产要素都按相同的比例发生变化来定义企业的生产规模的变化。相应地,规模报酬变化是指在其他条件不变的情况下,企业内部各种生产要素按相同比例变化时所带来的产量变化。企业的规模报酬变化可以分为规模报酬递增、规模报酬不变和规模报酬递减三种情况。

一、规模报酬递增

产量增加的比例大于各种生产要素增加的比例,称之为规模报酬递增。例如,当全部的生产要素劳动和资本都增加 100% 时,产量的增加大于 100%。规模报酬递增主要源于四个方面。

(1) 劳动分工使生产的专业化程度提高,从而提高劳动生产率。

(2) 资源的集约化使用。同时集中使用数量较多且性能相似的机器设备,可以使厂商提高机器的使用效率,如因故障停工的概率降低,相同工种的劳动力集中在一起使统一的培训的成本降低,等等。

(3) 生产要素的不可分性。不可分性意味着某种生产要素只有在既定的限度和范围内才能发挥最大的生产能力,生产规模较大的生产者比小规模的生产者能更有效地利用这些生产要素。

(4) 大规模厂商有着较强的讨价还价的能力。生产规模大的厂商往往在原材料采购、分销渠道、产品运输等方面有着较强的讨价还价能力,可以以较低的价格购买原材料,建立分销渠道能力较强,单位分销成本也较低。

二、规模报酬不变

产量增加的比例等于各种生产要素增加的比例,称之为规模报酬不变。例如,当全部生产要素劳动和资本都增加100%时,产量也增加100%。一般可以预计两个相同的工人使用两台相同的机器所生产的产量,是一个这样的工人使用一台这样的机器所生产的产量的两倍,这就是规模报酬不变的情况。

三、规模报酬递减

产量增加的比例小于各种生产要素增加的比例,称之为规模报酬递减。例如,当全部生产要素劳动和资本都增加100%时,产量增加小于100%。造成规模报酬递减的主要原因有两个。其一是生产要素可得性的限制。随着厂商生产规模的逐渐扩大,由于地理位置、原材料供应、劳动力市场等多种因素的限制,可能会使厂商在生产中需要的要素投入不能得到满足。其二是生产规模较大的厂商在管理上效率会下降,如内部的监督控制机制、信息传递等,容易错过有利的决策时机,使生产效率下降。

规模报酬的三种情况,如图4-8所示。

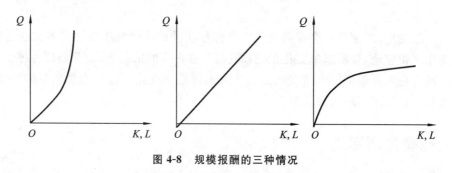

图4-8 规模报酬的三种情况

我们可以用以下数学表达式表示规模报酬的三种情形。令生产函数 $Q=f(L,K)$,

如果 $f(\lambda L,\lambda K)>\lambda f(L,K)$,其中,常数 $\lambda>0$,则生产函数 $Q=f(L,K)$ 具有规模报酬递增的性质。

如果 $f(\lambda L,\lambda K)=\lambda f(L,K)$,其中,常数 $\lambda>0$,则生产函数 $Q=f(L,K)$ 具有规模报酬不变的性质。

如果 $f(\lambda L,\lambda K)<\lambda f(L,K)$,其中,常数 $\lambda>0$,则生产函数 $Q=f(L,K)$ 具有规模报酬递

减的性质。

一般来说,在长期生产过程中,企业的规模报酬的变化呈现出如下的规律:当企业从最初的很小的生产规模开始逐步扩大的时候,企业所处的是规模报酬递增的阶段。在企业得到了由生产规模扩大带来的产量递增的全部好处以后,一般会继续扩大生产规模,将生产保持在规模报酬不变的阶段。这个阶段有可能比较长。在这以后,企业若继续扩大生产规模,就会进入规模报酬递减的阶段。

适度规模就是使两种生产要素的增加,即生产要素的扩大正好使收益递增达到最大。当收益递增到最大时就不再增加生产要素,并使这一生产规模维持下去。对于不同行业的厂商来说,适度规模的大小是不同的,并没有一个统一的标准。在确定适度规模时应考虑到的因素主要有两个。第一,本行业的技术特点。一般来说,需要的投资量大,所用的设备复杂先进的行业,适度规模也就越大。例如,冶金、机械、汽车制造、造船、化工等重工业厂商,生产规模越大,经济效益越高。相反,需要的投资量小,所用的设备比较简单的行业,适度规模也小。例如,服装、服务这些行业的生产规模小,能更灵活地适应市场需求的变动,对生产更有利,所以适度规模也就小。第二,市场条件。一般来说,生产市场需求量大,而且标准化程度高的产品的厂商,适度规模也应该大,这也是重工业行业适度规模大的原因。相反,生产市场需求小,而且标准化程度低的产品的厂商,适度规模也应该小。所以,服务行业的厂商适度规模就要小一些。

当然,在确定适度规模时要考虑的因素还很多。例如,在确定某一采矿企业的规模时,还要考虑矿藏量的大小。其他诸如交通条件、能源供给、原料供给、政府政策等,都是在确定适度规模时必须考虑到的。

【本章小结】

生产理论运用边际分析法,从生产视角说明供给的规律。它分析生产者均衡,即在产量既定的情况下实现产量最小化,或在成本既定的条件下实现产量最大化。

生产与生产函数是从技术角度分析生产的投入与产出之间的关系。边际报酬递减规律说明,在技术水平不变的条件下,连续增加单一要素的投入量到一定数量后,产量的增加随着产量投入的增加而递减。在所有投入要素都增加的情况下,可能出现规模报酬递增、规模报酬递减和规模报酬不变三种情况。

成本-收益分析是从经济角度分析投入要素的价值量与产品价值量的关系。在边际成本等于边际收益时,厂商实现利润最大化。

【思考与练习】

一、重要概念

生产函数　总产量　平均产量　边际产量　边际报酬递减规律　规模报酬

二、单项选择题

1. 边际报酬递减规律发生作用的前提是(　　)。
   A. 存在技术进步　　　　　　　　B. 生产技术水平不变
   C. 具有两种以上可变要素的生产　　D. 生产规模可变
2. 如果连续地增加某种生产要素,在总产量达到最大时,边际产量曲线(　　)。

A. 与纵轴相交　　　　　　　　B. 经过原点
C. 与平均产量线相交　　　　　D. 与横轴相交

3. 等成本线平行向外移动表明(　　)。

A. 产量提高了

B. 生产要素的价格按相同比例提高了

C. 成本增加了

D. 生产要素的价格按不同比例提高了

4. 边际技术替代率是指(　　)。

A. 两种要素投入的比率

B. 一种要素投入替代另一种要素投入的比率

C. 一种要素投入的边际产品替代另一种要素投入的边际产品的比率

D. 在保持原有产出不变的条件下用一种要素投入替代另一种要素投入的比率

5. 当生产函数 $Q=f(L,K)$ 中 AP_L 是递减时,MP_L(　　)。

A. 递减且为正　　　　　　　　B. 递减且为负
C. 为零　　　　　　　　　　　D. 上述均不对

6. 生产要素(投入)和产出水平的关系称为(　　)。

A. 生产函数　　　　　　　　　B. 生产可能性曲线
C. 总成本曲线　　　　　　　　D. 平均成本曲线

7. 当劳动(L)的总产量下降时,(　　)。

A. AP_L 是递减的　　　　　　B. AP_L 为正
C. AP_L 为零　　　　　　　　D. AP_L 为负

8. 等产量曲线是指在这条曲线上的各点代表(　　)。

A. 生产同等产量投入要素的各种组合比例是相同的

B. 生产同等产量投入要素的价格是不变的

C. 不管投入各种要素量如何,产量总是相等的

D. 投入要素的各种组合所能生产的产量是相等的

9. 规模报酬递减是在下列情况下发生的,(　　)。

A. 按比例连续增加各种生产要素

B. 不按比例连续增加各种生产要素

C. 连续地投入某种生产要素而保持其他生产要素不变

D. 上述都正确

10. 劳动和资本投入量增加1倍,引起产量增加1倍,这种情况是(　　)。

A. 规模报酬不变　　　　　　　B. 规模报酬递增
C. 规模报酬递减　　　　　　　D. 规模报酬无法确定

三、判断题

1. 边际产量总是小于平均产量。(　　)

2. 只要边际产量减少,总产量也一定减少。(　　)

3. 只要总产量是下降的,边际产量一定是负数。(　　)

4. 经济学中的长期与短期的划分的标准是时间。(　　)

5. 在长期中,随着企业扩大其生产设备,它通常先经历规模不经济,然后规模报酬不

变,最后是规模经济。(   )

四、思考题

1. 作图分析 TP、AP、MP 之间关系。说明一种投入使用量的合理区间。
2. 画图说明厂商在既定成本条件下是如何实现最大产量的最优要素组合的。
3. 画图说明厂商在既定产量条件下是如何实现最小成本的最优要素组合的。

五、计算题

1. 已知生产函数 $Q=f(L,K)=2KL-0.5L^2-0.5K^2$,假定厂商目前处于短期生产,且 $K=10$。

(1) 写出短期生产中该厂商关于劳动的总产量 TP_L 函数、劳动的平均产量 AP_L 函数和劳动的边际产量 MP_L 函数。

(2) 分别计算当劳动的总产量 TP_L、劳动的平均产量 AP_L 和劳动的边际产量 MP_L 各自达到极大值时厂商的劳动投入量。

(3) 什么时候 $AP_L=MP_L$?它的值又是多少?

2. 假设某厂商的短期生产函数为 $Q=25L+8L^2-L^3$。

(1) 写出该企业的平均产量函数和边际产量函数。

(2) 如果该企业使用的生产要素的数量为 $L=6$,是否处于短期生产的合理区间?为什么?

第五章 成本理论

【学习目标与要求】

通过本章教学,掌握成本及其相关的基本概念;了解关于成本的各种曲线;理解掌握长期平均成本曲线的形状及生产规模的选择;了解成本的性质及成本的构成;学会运用成本理论分析企业的投资行为及其生产规模的选择。

经济是由成千上万个生产物品和提供劳务的企业组成的。所有企业,大到航空公司小至小卖部,当它们生产物品与提供劳务时都会产生成本,企业成本是其生产和定价决策的关键决定因素,但是,确定什么是企业的成本并不像看起来那么简单。第四章讨论的是厂商投入的生产要素与产出的产品之间的物质技术关系,厂商生产某种产品与提供劳务所花费的成本,等于投入要素的数量与每单位要素价格的乘积。本章将在第四章的基础上讨论厂商的生产成本问题。

第一节 成本的概念

林子是一名大三学生,除上课外还从事加油站的兼职工作。加油站工作按日付薪,每日30元。学校放暑假时他想去海边玩个痛快。如果请假去海边玩,一天少收入的工资30元将成为这次游玩的机会成本。

老王就职于某公司,年薪10万元。他目前正考虑离职继续深造,但此举必须放弃现在的工作。因此,若老王选择深造,每年的机会成本就是放弃的10万元年薪。

在生活中,我们所面对的每个行动方案,都有利弊得失。选择某项行动方案之际,必须同时放弃其他方案;被放弃的方案所具备的收益,也就成为所选定方案的机会成本。

我们在日常生活中所讲的成本概念与经济学中所讲的成本概念有很大的不同。日常生活中所说的成本,往往是指买一样东西所花费的钱,也就是所谓的"货币支出"。比如购买一台机器,花了10万元钱,那么,按照普通的说法,这10万元钱就是你得到这台机器的成本。但是,倘若我们仔细一想,还是存在许多问题。其一,你购买这台机器花掉的10万元钱可能并不代表这机器的真正价值。这台机器也许并不值10万元钱,可能5万元钱就能买到。对于这种情况,经济学上的说法是,那10万元钱只是你购买这台机器的"原始的成本",相对于这种原始的成本,经济学上讲的成本叫作"重置成本",即把你放在正常的市场条件下,你能够重新购买到这台机器的成本。其二,你购买这台机器时花掉10万元钱常常不是你的全部成本,只是"明显成本",除了这种显性成本之外,你可能付出一些不那么明显的成本。比如,你为了买到一台合适的机器,需要跑很多的地方进行调查,这将花费你很多的时间和精力。其三,你购买这台机器花了10万元钱,但这10万元钱其实只是你的"个人成本"。除了你的个人成本之外,社会上的其他人或整个社会可能也为你购买机器的行为付出了代价。比如,你买了机器后,要把机器运回你的工厂。运机器的汽车一路上会排放尾气;机器运到工厂之后,你有可能把包装的箱子、盒子等随手一扔,这些都会对环境造成污染。如果这些污染并没有要你花钱去治理,那么你就不会把它们算在你的个人成本里了。但是,整个社会为了清除这些污染还得要花钱。换句话说,你购买机器的时候,除了你的个人成本之外,社会也付出一定的代价,这就是"社会成本"。经济学认为,讲成本不能只讲个人成本,还必须考虑社会成本。所谓"天下没有免费的午餐",倘若从日常生活中的成本概念出发,或许是不对的,因为我们确实有很多免费的东西,比如,免费的住房、免费的医疗、免费的食品、免费的教育等。但是,这里讲的免费,仅仅是讲使用这些东西的人没有为它们付出成本,而不是讲真的就没有任何人付出成本。如果我们从个人立场转到社会立场,这种免费的物品显然就不再是免费的了。社会上必然有另一些人为此付出代价。因此,经济学上的成本,并不单单是个人的成本,还包括社会的成本。

因此,在经济学中使用"成本"这个词时,与日常生活中"成本"一词的含义并不完全相同。通常,我们所讲的成本是指厂商为进行生产而对所使用的生产要素的实际支付,即会计核算成本或货币成本,而经济学是从资源的有效使用出发,从机会成本的角度将厂商成本分为显性成本和隐性成本。

一、机会成本

机会成本是经济学成本理论中的重要概念。一般地,生产一单位的某种商品的机会成本是指生产者所放弃的使用相同的生产要素在其他生产用途中所能得到的最高收入。假如经济分析的目的在于考察稀缺的生产资源有效率地在各种途径的分配使用,那么,生产X产品所费成本,就是为了生产出该产品而放弃(或牺牲)的另一种最佳替代物Y的生产。简言之,生产出X产品所费成本即为它的替换成本,或称机会成本。例如,耗用一定量的土地、劳动和农具、种子、肥料等生产出500 kg小麦的成本就是相同土地、劳动和资本条件下用于另一最佳用途所能生产出的100 kg棉花的成本。机会成本的概念是很有用的,比如,当有很多的事情可以去做,如何决定做哪一件事情最好?解决这个问题的一个办法就是去比较做这些事情的机会成本。一般来讲,机会成本越大,说明做这件事情的代价也越大,因而做这件事情就越不合算。运用机会成本概念可以对不同的投资方案进行比较,选择收益最大的方案进行投资。用机会成本概念要注意以下三个方面:一是资源有多种用途;二是资源可以不受限制地自由流动;三是资源能够得到充分利用。如果不满足这三个条件,机会成本就没有意义。

二、显性成本与隐性成本

按机会成本的含义定义的生产成本由两种类型的成本构成,即显性成本和隐性成本。

显性成本是厂商对直接购买的生产要素的货币支付。例如,雇佣工人支付的工资、租用土地支付的地租、从银行借款支付的利息、广告费、保险费、运输费等。总之,如果厂商生产中所需要的生产要素来自外部,那么厂商对来自外部的生产要素支付的费用就是显性成本,即会计核算计入的成本。与显性成本相对的隐性成本,是指厂商在生产中使用自有资源而应支付的报酬。它不涉及直接的货币支付,但是隐含着所放弃的货币或收益,是使用自有资源的机会成本。隐性成本主要包括:①使用自有资金或实物资产经营应支付的货币,如使用自有资本的折旧费,使用自有原材料、燃料的费用,使用自有资金的利息;②企业主自主经营企业应获得的报酬,称为正常利润。它是对企业家承包经营风险的补偿,是企业主经营企业的成本。

显性成本与隐性成本之间的区别强调了经济学家与会计师分析经营活动之间的重要不同。经济学家研究企业如何做出生产和定价决策。由于这些决策既根据显性成本又根据了隐性成本,因此,经济学家在衡量成本时就包括了这两种成本。与此相比,会计师的工作是记录流入和流出企业的货币。结果,他们计入了显性成本,但往往忽略了隐性成本。

在经济学中成本概念公式如下所示:

$$经济成本=显性成本+隐性成本$$
$$=会计成本+隐性成本$$

三、利润

收益是厂商出售产品时的所得:收益=产品的价格×出售产品的数量。

利润是总收益与总成本之差:利润=总收益-总成本。厂商的利润可分为两种:会计利润和经济利润。

会计利润是总收益与显性成本之差:会计利润=总收益-显性成本。

经济利润是会计利润与正常利润之差:经济利润=总收益-(显性成本+隐性成本)。

企业所追求的最大利润,是指最大的经济利润。经济利润也称为超额利润。在西方经济学中,还需区别经济利润和正常利润。正常利润通常指厂商对自己所提供的企业家才能的报酬支付。需要强调的是,正常利润是厂商生产成本的一部分,它是以隐性成本计入成本的。由于正常利润属于成本,因此,经济利润中不包含正常利润。又由于厂商的经济利润等于总收益减去总成本,所以当厂商的经济利润为零时,厂商仍然得到了全部的正常利润。

第二节 短期成本曲线

一、短期成本的构成

成本还可以分为短期成本与长期成本。所谓短期,是指在这个时期内厂商不能根据它所要达到的产量来调整其全部生产要素。具体来说,在短期内它只能调整原材料、燃料及工人数量,而不能调整固定设备、厂房和管理人员的数量,所以在该时期内,厂商无法决定其固定设备所限定的规模。不同行业所说的短期,时间长短可以有很大差异。例如,钢铁业的短期可能是好几年,而从事运输业的短期可能只有几个月。由于短期内,厂商的固定设备是无法改变的,所以一家厂商的短期成本包含两类,一是固定成本,二是可变成本。所谓长期,则是指在这一时期内,厂商可以根据它所要达到的产量来调整其全部生产要素,这样长期成本就无所谓固定成本与可变成本之分,一切成本都是可以变动的。

具体而言,厂商的短期成本共有七种:总不变成本、总可变成本、总成本、平均不变成本、平均可变成本、平均总成本和边际成本。

总不变成本(TFC),即厂商在短期内必须支付的不能调整的生产要素的费用。这种成本不随产量的变动而变动,在短期内是固定的。其中主要包括厂房、设备的折旧以及管理人员的工资。所以,总不变成本是一个常数。即使产量为零时,总不变成本仍然存在。如图 5-1(a)所示,图中的横轴表示产量 Q,纵轴表示成本 C,总不变成本 TFC 曲线是一条水平线。它表示在短期内,无论产量如何变化,总不变成本 TFC 是固定不变的。

总可变成本(TVC),即厂商在短期内必须支付的可以调整的生产要素的费用。这种成本随产量的变动而变动,是可变的。其中主要包括原材料、燃料的支出以及生产工人的工资。总可变成本如图 5-1(b)所示,它是一条由原点出发向右上方倾斜的曲线。TVC 曲线表示:由于短期内厂商是根据产量的变化不断调整可变要素的投入量,所以,总可变成本随产量的变动而变动。当产量为零时,总可变成本也为零。此后,总可变成本随着产量的增加而增加。总可变成本的函数形式为:

$$TVC = TVC(Q)$$

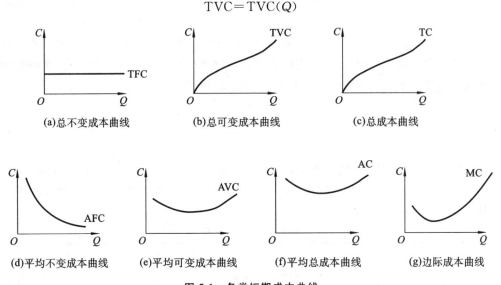

图 5-1 各类短期成本曲线

总成本(TC),即短期内生产一定量产品所需要的成本总和。短期总成本是总不变成本与总可变成本之和,则有 TC=TFC+TVC。如图 5-1(c)所示,总成本曲线是从纵轴上与总不变成本 TFC 高度一致的点出发的一条向右上方倾斜的曲线。TC 曲线表示:在每一个产量上的总成本由总不变成本和总可变成本共同构成。总成本用公式表示为:

$$TC(Q) = TFC + TVC(Q)$$

平均不变成本(AFC),即平均每单位产品所消耗的不变成本,如图 5-1(d)所示。AFC 曲线表示:在总不变成本固定的前提下,随着产量的增加,平均不变成本是越来越小的。平均不变成本用公式表示为:

$$\text{AFC}(Q) = \frac{\text{TFC}}{Q}$$

平均可变成本(AVC),即平均每单位产品所消耗的可变成本,如图 5-1(e)所示。它的变动规律是,开始时,随着产量的增加,生产要素的效率得到发挥,平均可变成本减少,但减少到一定程度后则由于边际收益递减又随着产量的增加而增加。

$$\text{AVC}(Q) = \frac{\text{TVC}(Q)}{Q}$$

平均总成本(AC),即短期内生产每一单位产品平均所需要的成本,短期平均成本分为平均不变成本与平均可变成本(见图 5-1(f))。用公式表示为:

$$\text{AC}(Q) = \frac{\text{TC}(Q)}{Q} = \text{AFC}(Q) + \text{AVC}(Q)$$

边际成本(MC)是短期内每增加一单位产量所增加的成本(见图 5-1(g))。用公式表示为:

$$\text{MC}(Q) = \frac{\Delta \text{TC}(Q)}{\Delta Q}$$

或者

$$\text{MC}(Q) = \lim_{\Delta Q \to 0} \frac{\Delta \text{TC}(Q)}{\Delta Q} = \frac{d\text{TC}}{dQ}$$

由上式可知,在每一个产量水平上的边际成本 MC 值就是相应的总成本 TC 曲线的总斜率。

如图 5-1(e)、(f)和(g)所示的平均可变成本 AVC 曲线、平均总成本 AC 曲线和边际成本 MC 曲线都呈现出 U 形的特征。它们表示:随着产量的增加,平均可变成本、平均总成本和边际成本都是先递减,各自达到本身的最低点之后再递增。

二、各类短期成本曲线

为了便于说明和理解各种短期成本的相互关系,假定某厂商短期成本数据如表 5-1 所示。表 5-1 中的平均成本和边际成本的各栏可以分别由相应的总成本的各栏推算出来。该表体现了各种短期成本之间的相互关系。

表 5-1 短期成本表

产量 (Q)	总成本			平均成本			边际成本 (MC)
	总不变成本 (TFC)	总可变成本 (TVC)	总成本 (TC)	平均不变成本 (AFC)	平均可变成本 (AVC)	平均总成本 (AC)	
0	1 200	0	1 200				
1	1 200	600	1 800	1 200.0	600.0	1 800.0	600
2	1 200	800	2 000	600.0	400.0	1 000.0	200
3	1 200	900	2 100	400.0	300.0	700.0	100
4	1 200	1 050	2 250	300.0	262.5	562.5	150
5	1 200	1 400	2 600	240.0	280.0	520.0	350
6	1 200	2 100	3 300	200.0	350.0	550.0	700

图 5-2 是根据表 5-1 绘制的短期成本曲线图,它是一张典型的短期成本曲线的综合图。从图 5-2 中可以看到各条曲线的特点、形状及相互关系。

边际报酬递减规律是短期生产的一条基本规律,因此,它也决定了短期成本曲线的特征。边际报酬递减规律作用下的短期边际产量和短期边际成本之间存在着一定的对应关系。这种对应关系可以简单地表述如下:在短期生产中,边际产量的递增阶段对应的是边际成本的递减阶段,边际产量的递减阶段对应的是边际成本的递增阶段,与边际产量的最大值相对应的是边际成本的最小值。正因为如此,在边际报酬递减规律作用下的边际成本 MC 曲线表现出先降后升的 U 形特征。从边际报酬递减规律所决定的 U 形的 MC 曲线出发,可以解释其他短期成本曲线的特征以及短期成本曲线相互之间的关系。

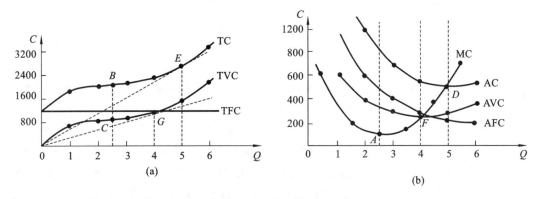

图 5-2　短期成本曲线

1. 关于 TC 曲线、TVC 曲线和 MC 曲线之间的相互关系

由于在每一个产量水平上的 MC 值就是相应的 TC 曲线的斜率,又由于在每一个产量上的 TC 曲线和 TVC 曲线的斜率是相同的,所以,在每一个产量水平的 MC 值同时就是相应的 TC 曲线和 TVC 曲线的斜率。于是,在图 5-2 中的 TC 曲线、TVC 曲线和 MC 曲线之间表现出这样的相互关系:与边际报酬递减规律作用的 MC 曲线的先降后升的特征相对应,TC 曲线和 TVC 曲线的斜率也由递减变为递增。而且,MC 曲线的最低点 A 与 TC 曲线的拐点 B 和 TVC 曲线的斜率的拐点 C 相对应。

2. 关于 AC 曲线、AVC 曲线和 MC 曲线之间的相互关系

对于任何一对边际量和平均量而言,只要边际量小于平均量,边际量就把平均量拉下;只要边际量大于平均量,边际量就把平均量拉上;当边际量等于平均量,平均量必达本身的极值点。据此,我们可以推知,由于在边际报酬递减规律作用下的 MC 曲线呈先降后升的 U 形特征,所以,AC 曲线和 AVC 曲线也必定有先降后升的 U 形特征。而且 MC 曲线必定会分别与 AC 曲线相交于 AC 曲线的最低点,与 AVC 曲线相交于 AVC 曲线的最低点。如图 5-2 所示,U 形的 MC 曲线分别与 U 形的 AC 曲线相交于 AC 曲线的最低点 D,与 U 形的 AVC 曲线相交于 AVC 曲线的最低点 F。在 AC 曲线的下降段,MC 曲线低于 AC 曲线;在 AC 曲线的上升段,MC 曲线高于 AC 曲线。相类似地,在 AVC 曲线的下降段,MC 曲线低于 AVC 曲线;在 AVC 曲线的上升段,MC 曲线高于 AVC 曲线。

3. 比较 AC 曲线和 MC 曲线的交点 D 与 AVC 曲线和 MC 曲线的交点 F

如图 5-2 所示,可以发现,D 的出现晚于 A,并且前者的位置高于后者。也就是说,AVC

曲线降至最低点 F 时,AC 曲线还没有降到最低点 D,而且 AC 曲线的最小值大于 AVC 曲线的最小值。这是因为,在平均总成本中不仅包括平均可变成本,还包括平均不变成本。正是由于平均不变成本的作用,才使得 AC 曲线的最低点 D 的出现既晚于又高于 AVC 曲线的最低点 F。

第三节 长期成本曲线

福特汽车公司在只有几个月的时间内不能调整汽车工人的数量和规模,它生产额外一辆汽车的唯一方法是,在已有的工厂中多雇佣工人。因此,这些工厂的成本在短期内是固定成本,与此相比,如果有几年的时间,福特公司可以扩大其工厂规模,建立新工厂和关闭旧工厂。因此,其工厂的成本在长期内是可变成本。

由于许多成本在短期内是固定的,但在长期中是可变的,所以,企业的长期成本曲线不同于其短期成本曲线。长期平均总成本曲线是比短期平均总成本曲线平坦的 U 形曲线。此外,所有短期成本曲线在长期成本曲线以上。这些特点的产生,是因为企业在长期中有更大的灵活性。实际上,在长期中,企业可以选择它想用的任何一条长期成本曲线,但在短期内,它不得不用它过去选择的任何一条。

当福特公司想把每天的产量从 1 000 辆汽车增加到 1 200 辆时,在短期内除了在现有的中等规模工厂中多雇工人之外别无选择。由于边际产量递减,每辆汽车的平均总成本从 1 万美元增加到 1.2 万美元。但是,在长期中,福特公司可以扩大车间的规模,使平均总成本保持在 1 万美元的水平上。

进入长期成本阶段,要花多长时间取决于企业本身。对一个大型制造企业,如汽车公司,这可能需要一年或更长时间。与此相比,一个人经营的柠檬水店可以在一小时甚至更短时间内去买一个密封罐。

经济学上所说的长期是指厂商能根据所要达到的产量来调整其全部生产要素的时间。与长期相关的另一个概念是特长期,特长期是指这一时期内不仅生产要素可以调整,而且生产技术也会发生变化。在长期中,没有固定成本与可变成本之分,一切生产要素都是可以调整的,一切成本都是可变的。我们在分析长期成本时,就分析其总成本、平均成本与边际成本。

一、长期总成本曲线

长期总成本(LTC)是在长期中厂商在每一个产量水平上通过选择最优的生产规模所能达到的最低总成本。详细地说是厂商在长期生产中,调整生产规模、生产各种产量水平所需要的最低成本点的轨迹。用生产要素最佳组合(即最优生产规模)生产某种产品的不同产量,厂商为此所支付的总成本就是长期总成本。

长期总成本随产量的变动而变动,没有产量时没有总成本。随着产量的增加,总成本也在增加。

在图 5-3 中,有三条短期总成本曲线 STC_1、STC_2 和 STC_3,它们分别代表三个不同的生产规模。由于短期总成本曲线的纵截距表示相应的总不变成本 TFC 的数量,因此,从图 5-3 中三条短期总成本曲线的纵截距可知,STC_1 曲线所表示的总不变成本小于 STC_2 曲线,STC_2 曲线所表示的总不变成本又小于 STC_3 曲线,而总不变成本的多少往往表示生产规模的大小。因此,从三条短期总成本曲线所代表的生产规模来看,STC_1 曲线最小,STC_2 曲线居中,STC_3 曲线最大。

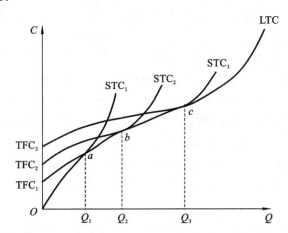

图 5-3　最优生产规模的选择和总成本曲线

假定厂商生产的产量为 Q_2,那么厂商应该如何调整生产规模的投入量以降低总成本呢?在短期内,厂商可以面临 STC_1 曲线所代表的过小的生产规模或 STC_3 曲线所代表的过大的生产规模,于是,厂商只能按较高的总成本来生产产量 Q_2。但在长期,情况就会发生变化。

厂商在长期可以变动全部的要素投入量,选择最优的生产规模。于是,厂商必然会选择 STC_2 曲线所代表的生产规模进行生产,从而将总成本降低到所能达到的最低水平,即厂商是在 STC_2 曲线上的 b 点进行生产。类似地,在长期内,厂商会选择 STC_1 曲线所代表的生产规模,在 a 点上生产 Q_1 上的产量;选择 STC_3 曲线所代表的生产规模,在 c 点上生产 Q_3 上的产量。这样厂商就在每一个既定的产量水平上实现了最低的总成本。

假定有无数条短期总成本曲线,厂商可以在任何一个产量水平上,都找到相应的一个最优的生产规模,都可以把总成本降到最低水平。也就是说,可以找到无数个类似于 a、b 和 c 的点,这些点的轨迹就形成了图 5-3 中的长期总成本 LTC 曲线。也就是说,长期总成本曲线是无数条短期总成本曲线的包络线。

二、长期平均成本曲线

长期平均成本(LAC)是长期中厂商平均每单位产量花费的总成本。长期平均成本可以写为:

$$LAC(Q) = \frac{LTC(Q)}{Q}$$

如图 5-4 所示的是一个例子，这个图中有三条短期平均总成本曲线，分别表示一个小型工厂、中型工厂与大型工厂，其下方还有一条长期平均总成本曲线。当企业生产沿着长期曲线移动时，它根据产量调整工厂的规模。这个图表示短期与长期成本如何相关，长期平均总成本曲线是比短期平均总成本曲线平坦得多的 U 形曲线。此外，所有短期平均成本曲线在长期平均成本曲线以上。这些特点的产生，是因为企业在长期中有更大的灵活性。实际上，在长期中，企业可以选择它想用的任何一条长期成本曲线，但在短期中，它无法调整生产规模。

长期平均成本是短期平均成本曲线的包络曲线，短期平均成本曲线和长期平均成本曲线相切之点，并不一定是短期平均成本曲线的最低点。长期平均成本曲线 LAC 也是一条先下降而后上升的 U 形曲线，这种形状是由长期中的规模经济和规模不经济决定的。

在企业生产扩张的开始阶段，厂商由于扩大生产规模而使经济效益得到提高，这叫作规模经济。当生产扩张到一定的规模以后，厂商继续扩大生产规模，就会使经济效益下降，这叫作规模不经济。或者说，厂商产量增加的倍数大于成本增加的倍数，为规模经济；相反，厂商产量增加的倍数小于成本增加的倍数，为规模不经济。显然，规模经济和规模不经济都是由厂商变动自己的企业生产规模所引起的，所以，也被称为内在经济和内在不经济。一般来说，在企业的生产规模由小到大的扩张过程中，会先后出现规模经济和规模不经济。正是由于规模经济和规模不经济的作用，决定了长期平均成本 LAC 曲线表现出先下降后上升的 U 形特征。

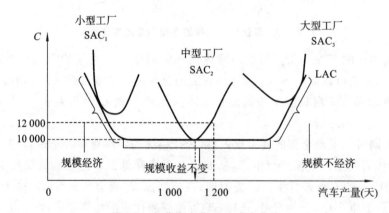

图 5-4　短期与长期平均成本曲线

该图表示在不同时间框架中生产变动如何改变成本的一个例子。当汽车公司想把每天的产量从 1 000 辆汽车增加至 1 200 辆时，在短期内除了在现有的中等规模工厂中多雇工人之外别无选择。由于边际产量递减，每辆汽车的平均总成本从 10 000 美元增加到 12 000 美元，但是，在长期中，汽车公司可以扩大工厂和车间的规模，月平均总成本仍保持在 10 000 美元的水平上。长期平均总成本曲线的形状传递了一个有关生产一种物品技术的重要信息。当长期平均总成本随着产量增加而减少时，可以说存在规模经济。当长期平均总成本随着产量增加而增加时，可以说存在规模不经济。当长期平均总成本不随着产量变动而变动时，可以说存在规模收益不变。在这个例子中，汽车公司在产量水平低时有规模经济，产量处于中等水平时规模收益不变，在产量水平高时有规模不经济。规模经济的产生是因为生产水平高允许在工人中实行专业化，而专业化可以使工人更精通自己的工作，例如，现代装配线要求大量的工人。如果汽车公司只生产少量汽车，它就不能利用这种方法，而且平均总成本较高。规模不经济的产生是由于任何一个大型组织中固有的协调问题。汽车公司生产的汽车量越多,管理团队变得越庞大,管理者压低成本的效率越低。这种分析表明为什么长期平均总成本曲线通常是 U 形的。在生产水平低时,企业从扩大规模中获益是因为它可以利用更大的专业化,同时,协调问题并不尖锐。与此相比,在生产水平高时,专业化的好处已经实现了,而随着企业变得越来越大,协调问题变得越来越严重。因此,长期平均总成本曲线在生产水平低时下降是由于专业化增加,而在生产水平高时成本增加是因为协调问题增多。

关于长期平均成本 LAC 曲线位置的成因,则需要用企业的外在经济和外在不经济的概念来解释。企业外在经济是由于厂商的生产活动所依赖的外界环境得到改善而产生的。例如,整个行业的发展,可以使行业内的单个厂商从中受益。相反,如果厂商的生产活动所依赖的外界环境恶化了,则企业的外在不经济。例如,整个行业的发展,使得生产要素的价格上升,交通运输紧张,从而给行业内的单个厂商的生产带来困难。外在经济与外在不经济是由企业以外的因素所引起的,它影响厂商的长期平均成本曲线的位置。

三、长期边际成本曲线

长期边际成本(LMC)表示厂商在长期内增加一单位产量所引起的总成本的增量。长期边际成本函数可以写为:

$$\mathrm{LMC}(Q) = \frac{\Delta \mathrm{LTC}(Q)}{\Delta Q}$$

或

$$\mathrm{LMC}(Q) = \lim_{\Delta Q \to 0} \frac{\Delta \mathrm{LTC}(Q)}{\Delta Q} = \frac{\mathrm{dLTC}(Q)}{\mathrm{d}Q}$$

在图 5-5 中,例如,当产量为 Q_1 时,厂商选择的最优生产规模由 SAC_1 曲线和 SMC_1 曲线所代表,且在 Q_1 时有 SMC_1 曲线与 LMC 曲线相交于 a 点,表示 $\mathrm{LMC}(Q_1) = \mathrm{SMC}_1(Q_1)$。同样地,在产量分别为 Q_2 和 Q_3 时,厂商选择的最优生产规模分别由 SAC_2、SMC_2 曲线和 SAC_3、SMC_3 曲线所代表,且在 b 点有 $\mathrm{LMC}(Q_2) = \mathrm{SMC}_2(Q_2)$,在 c 点有 $\mathrm{LMC}(Q_3) = \mathrm{SMC}_3(Q_3)$。LMC 曲线表示的是与厂商在长期内通过选择最优的生产规模所达到的最低成本相对应的边际成本。

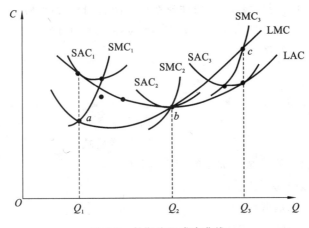

图 5-5 长期边际成本曲线

【本章小结】

当我们分析厂商的行为时,重要的是要包括生产中的所有机会成本。一些机会成本是显性的,另一些机会成本是隐性的。

在分析厂商的成本时,主要考虑总成本、平均成本、边际成本。平均成本是从总成本派生出来的,是指每单位产量的成本。边际成本也是从总成本中派生出来的,是指每增加一单位产量所增加的成本。

短期成本曲线有七种,其中最重要的是边际成本曲线。由边际成本曲线的形状可以推知(除不变成本和平均不变成本曲线外)其他几种曲线。边际成本与边际产量之间存在倒数关系。由于边际产量曲线呈倒 U 形,因此,边际成本曲线呈 U 形。边际成本值是可变成本和短期总成本上相应的点的斜率,由于边际成本先下降后上升,所以可变成本曲线、短期总成本曲线也是先减速上升,后加速上升。由可变成本曲线可以推知平均可变成本也是 U 形,且边际成本线穿过其最小值。由短期总成本曲线可以推知平均成本曲线也是 U 形,且短期平均成本与边际成本曲线相交于平均成本的最低点。因此,从逻辑上看,边际报酬递减规律是导致短期成本变动的根源。

长期成本曲线有三种,其中最重要的是长期平均成本曲线。由长期平均成本曲线可以推知其他曲线。由于存在规模经济和规模不经济,因此,长期平均成本曲线呈 U 形。同时,长期平均成本曲线是短期平均成本曲线的包络线。长期平均成本曲线是长期总成本与原点连线的斜率,因此,长期总成本曲线先减速增加,再加速增加;同时,长期总成本曲线是短期总成本曲线的包络线。再根据长期总成本曲线可以推知长期边际成本。

利用平均成本曲线和边际成本曲线分析厂商的行为是一个非常重要的方法。平均成本随着产量增加先减少,然后随着产量进一步增加而增加。边际成本曲线与平均成本曲线相交于平均成本曲线的最低点。

【思考与练习】

一、重要概念

成本 收益 利润 显性成本 隐性成本 经济利润 会计利润 正常利润
不变成本 可变成本 平均成本 平均不变成本 平均可变成本 边际成本
规模经济 规模不经济

二、单项选择题

1. 随着产量的增加,固定成本(　　)。

A. 增加　　　　　　　　　　　　B. 不变

C. 减少　　　　　　　　　　　　D. 先增后减

2. 边际成本曲线与平均成本曲线的相交点是(　　)。

A. 边际成本曲线的最低点

B. 平均成本曲线的最低点

C. 平均成本曲线下降阶段的任意一点

D. 边际成本曲线的最高点

3. 收益是指（　　）。
   A. 成本加利润　　　　　　　　B. 成本
   C. 利润　　　　　　　　　　　D. 利润减成本
4. 当数量为 4 时，总收益为 100 元；当数量为 5 时，总收益为 120 元。此时边际收益为（　　）。
   A. 20　　　　　　　　　　　　B. 100
   C. 120　　　　　　　　　　　 D. 25
5. 固定成本是指（　　）。
   A. 厂商在短期内必须支付的不能调整的生产要素的费用
   B. 厂商要增加产量所要增加的费用
   C. 厂商购进生产要素时所要支付的费用
   D. 厂商在短期内必须支付的可能调整的生产要素的费用
6. 某厂商每年从企业的总收入中取出一部分作为自己所提供的生产要素的报酬，这部分资金被视为（　　）。
   A. 显性成本　　　　　　　　　B. 隐性成本
   C. 经济利润　　　　　　　　　D. 会计利润
7. 边际成本低于平均成本时（　　）。
   A. 平均成本上升
   B. 总成本下降
   C. 平均可变成本可能上升也可能下降
   D. 平均可变成本上升
8. 长期平均成本曲线成为 U 形的原因与（　　）。
   A. 规模收益变动有关
   B. 外部经济与不经济有关
   C. 要素的边际生产率有关
   D. 固定成本与可变成本所占比重有关
9. 当产出增加时 LAC 曲线下降，这是由于（　　）。
   A. 规模的不经济性　　　　　　B. 规模的经济性
   C. 收益递减规律的作用　　　　D. 上述都正确
10. 如果一个企业经历规模收益不变的阶段，则 LAC 曲线是（　　）。
    A. 上升的　　　　　　　　　　B. 下降的
    C. 垂直的　　　　　　　　　　D. 水平的

三、判断题

1. 厂商增加一单位产量时所增加的变动成本就是平均成本。（　　）
2. 经济学中的长期和短期的划分是依据具体时间的长短划分的。（　　）
3. 利润最大化的原则是边际收益等于边际成本。（　　）
4. 长期平均成本曲线一定是短期平均成本曲线最低点的连线。（　　）

四、思考题

1. 短期成本的种类有哪些？用图说明短期成本曲线相互之间的关系。

2. 短期平均成本曲线和长期平均成本曲线都是 U 形,请解释它们呈 U 形的原因有什么不同?

3. 说明决定 LAC 曲线形状的因素。

4. 有人认为:"既然长期平均成本 LAC 曲线是无数条短期平均成本 SAC 曲线的包络线,它表示,在长期,对于所生产的每个产量水平企业都可以将平均成本降到最低。因此,长期平均成本 LAC 曲线一定相切于所有的短期平均成本 SAC 曲线的最低点。"你认为这句话正确吗? 并说明理由。

五、计算题

1. 假设某企业的短期成本函数 $TC=Q^3-10Q^2+17Q+66$。

(1) 指出该成本函数中的可变成本部分和不变成本部分。

(2) 写出 TVC、AC、AVC、AFC、MC 函数。

2. 假设某企业的短期边际成本函数 $MC=3Q^2-12Q+10$,且当 $Q=5$ 时,$TC=55$。

(1) 写出 TC、TVC、AC、AVC 函数。

(2) 当企业的边际产量最大时,企业的平均成本为多少?

3. 如果某企业仅生产一种产品,并且唯一可变要素是劳动,也有固定成本,其短期生产函数为 $Q=-0.1L^3+3L^2+8L$,其中,Q 是每月的产量,单位为吨,L 是雇佣工人数。

(1) 要使劳动的平均产量达到最大,该企业需要雇佣多少工人?

(2) 要使劳动的边际产量达到最大,该企业需要雇佣多少工人?

(3) 在其平均可变成本最小时,生产产量是多少?

第六章 完全竞争市场

【学习目标与要求】

通过本章学习,掌握市场类型、完全竞争市场及其相关的基本概念;了解完全竞争市场的形成条件;理解完全竞争厂商的短期均衡和长期均衡、完全竞争厂商的短期供给曲线;掌握完全竞争市场的需求曲线、收益曲线、边际收益曲线及厂商实现利润最大化的条件下的均衡条件。

第一节 市场的类型

一听可乐在超市里标价是2元,但在一家四星级的酒店里却可以卖到25元。如果环境和条件进一步发生变化,比如在一眼望不到边际的荒漠里,一听可乐卖多少钱?在2002年中国上海房地产营销大会上,上海策源置业顾问有限公司总经理徐晓亮举了这样一个通俗易懂的例子来说明他演讲的主题。一听可乐到底能卖多少钱?可以是2元,也可以是更多,关键是看你卖给谁和怎么卖。同样的商品放在不同的环境里,在满足消费者不同的需求中,可以有不同的价格。

我们知道,在市场经济中,同一市场上所有消费者的决策合在一起,就构成了该市场的需求方面。所有生产者的决策合在一起,就构成了市场的供给方面。所有消费者和生产者的决策合在一起,就形成了市场的需求和供给的相互作用。这种需求和供给的相互作用,就是我们所说的市场机制。

市场是一些生产者和消费者为了买卖某种商品而结成的相互联系,或者简单一点讲,就是把买卖商品的各方联系在一起的纽带。从本质上讲,市场是物品买卖双方相互作用并得以决定其交易价格和交易数量的一种组织形式或制度安排。

任何一种交易物品都有一个市场,经济中有多少种交易物品,相应地就有多少个市场。例如,可以有水果市场、大米市场、石油市场、自行车市场,等等。我们可以把经济中所有的可交易的物品分为生产要素和商品这两类,相应地,经济中所有的市场也可以分为生产要素市场和商品市场这两类。我们先在本章和第七章研究商品市场,至于生产要素市场将在第八章进行研究。

在经济分析中,根据不同的市场结构的特征,将市场划分为完全竞争市场、垄断竞争市场、寡头市场和垄断市场四种类型。决定市场类型划分的主要因素有以下四个:第一,市场上厂商的数目;第二,厂商所生产的产品的差别程度;第三,单个厂商对市场价格的控制程度;第四,厂商进入或退出一个行业的难易程度。其中,第一个因素和第二个因素是最基本的决定因素。市场划分及其相应的特征可以用表6-1来概括。

表6-1 市场类型的划分和特征

市场类型	厂商数目	产品差别程度	对价格控制的程度	进出一个行业的难易程度	典型市场
完全竞争	很多	完全无差别	没有	很容易	一些农产品
垄断竞争	很多	有差别	有一些	比较容易	一些轻工业品、零售业
寡头	几个	有差别或无差别	相当程度	比较困难	钢铁、汽车、石油
垄断	唯一	唯一的产品,无相似替代品	很大程度,但经常受到管制	很困难,几乎不可能	公用事业,如水、电

与市场这一概念相对应的另一个概念是行业。行业是指为同一个商品市场生产和提供商品的所有的厂商的总体。市场和行业的类型是一致的。例如,完全竞争市场对应的是完全竞争行业,垄断竞争市场对应的是垄断竞争行业,如此等等。

第二节 完全竞争厂商的需求曲线和收益曲线

案例导入

2002年,对国内手机行业来说,可以称得上是一个丰收年。据信息产业部(现整合并入工业和信息化部)统计,截止到2002年8月底,我国销售手机已达6 359万部,而2001年全年才达到4 384万部。国内手机市场增长迅猛,不仅用户数量已经接近2亿大关,厂商也从当初的三强鼎立发展到现在的群雄并起,市场竞争也因此更加激烈。目前,手机市场的竞争主要还集中在价格、样式、功能等产品本身特性的竞争上。但随着手机同质化现象日益显著,产品有形差异将逐渐弱化,市场增长率的下降和销售利润的降低将随之出现。可以预见在未来的市场竞争中,服务将成为建立竞争优势、提升企业形象的重要手段,那些忽视服务的企业很可能就会被市场淘汰。

一、完全竞争市场的条件

完全竞争,又称纯粹竞争市场,是指一种竞争不受任何阻碍和干扰的市场结构。经济分析中使用的"完全竞争"一词,具有十分严格的含义。具体来说,一种产品的市场具有完全竞争的性质,必须同时具备以下四个条件。

第一,市场上有许多的小规模生产者(厂商)和消费者(居民户),他们任何一个人的销售量或购买量都仅占市场上很小的比例,所以任何一个人都无法通过自己个人的买卖行为来影响市场上的价格。市场价格是由整个市场的供求关系决定的,每个生产者和消费者都只能是既定价格的接受者,而不是价格的制定者。

第二,市场上的产品是同质的,即不存在产品差别。这里所说的产品差别不是指不同产品之间的差别,而是指同种产品在质量、包装、牌号或销售条件等方面的差别。例如,产品差别不是指自行车与汽车的差别,而是指自行车在质量、包装、牌号或销售条件方面的差别。具体来说,是指 28 型男车与 26 型女车的差别、黑色车与绿色车的差别等。不存在产品差别,即在市场上,任何一个生产者的产品在所有买者看来都是完全相同的。或者说,在买者看来,所有生产者的产品具有完全的互相替代的性质,即在所有生产者的卖价相同时,消费者购买哪个生产者的产品完全是随机的。

第三,资源完全自由流动。完全竞争市场意味着不存在任何法律的、社会的或资金的障碍以阻止新的厂商进入该行业。这意味着在长时期内,生产要素可以随着需求的变化在不同行业之间自由流动。

第四,市场信息是畅通的。在完全竞争市场模型中,生产者与消费者被假定为对于有关市场的信息具有完全的认知。他们都可以获得完整而即时的市场供求信息,不存在供求以外的因素对价格决定和市场竞争的影响。

在形成完全竞争市场的条件中,前两个条件是最基本的。现实中完全符合这些条件的市场实际上是不存在的。完全竞争市场可以说是一种高度抽象概括的市场模式,农产品市场仅被认为接近于完全竞争市场,但完全竞争市场可以作为一种分析工具,帮助我们说明一定的经济现象和经济过程。例如,完全竞争市场的资源利用最优,经济效益最高,可以作为经济政策的理想目标,同时,完全竞争市场理论又是各种类型市场理论的基础。所以,必须首先加以研究。

二、完全竞争市场厂商和行业的需求曲线

图 6-1(a)、(b)分别表示完全竞争市场上一个行业的产品的供给和需求,以及对该行业的单个厂商产品的需求。

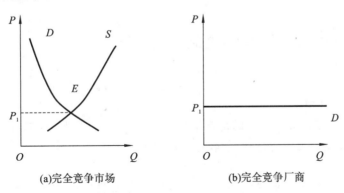

图 6-1 完全竞争厂商的需求曲线

在完全竞争市场之下,市场价格 P_1 是由整个行业的供给曲线 S 和需求曲线 D 的交点

决定的,如图 6-1(a)所示。对于每一个厂商而言,这一价格是既定的。厂商是市场既定价格的接受者,它的产品价格高于这个既定价格,产品就卖不出去。一个厂商无论出售多少产品,也仅占供给中的很小一部分,个别厂商产量的变动不能影响市场价格,所以厂商每增加销售一单位产品得到的收益即边际收益仍与平均每单位产品得到的收益即平均收益是相等的。

在完全竞争市场中,对于一个厂商来说,价格是既定的。在这一既定的价格之下,市场的需求是无限的,即需求有无限弹性,因此需求曲线是一条与横轴平行的线,其水平由整个行业的供求关系所决定的价格确定。

需要注意的是,在完全竞争市场中,单个消费者和单个厂商都无力影响市场价格,他们只能被动地接受既定的市场价格,但这些并不意味着完全竞争市场的价格是固定不变的。在其他一些因素的影响下,如消费者收入水平的普遍提高,先进技术的推广,或者政府有关政策的作用,等等,使得众多消费者的需求量和众多的生产者的供给量发生变化时,供求曲线的位置就有可能发生移动,从而形成新的市场均衡价格。在这种情况下,我们就会得到由新的均衡价格水平出发的一条水平线,如图 6-2 所示。在图 6-2 中,开始时的需求曲线为 D_1,供给曲线为 S_1,市场的均衡价格为 P_1,相应的厂商的需求曲线是由价格水平 P_1 出发的一条水平线 d_1。当需求曲线的位置由 D_1 移至 D_2,同时供给曲线的位置由 S_1 移至 S_2 时,市场均衡价格上升为 P_2,于是相应的厂商的需求曲线是由新的价格水平 P_2 出发的另一条水平线 d_2。不难看出,厂商的需求曲线可以出自各个不同的既定市场的均衡价格水平,但它们总是呈水平线的形状。

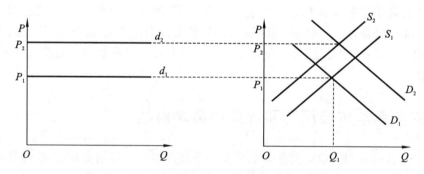

图 6-2 完全竞争市场价格的变动和厂商的需求曲线

三、完全竞争市场厂商的收益曲线

厂商的收益就是厂商的销售收入。厂商的收益可以分为总收益、平均收益和边际收益,分别记作 TR、AR 和 MR。

总收益(TR)是指厂商按一定的价格销售一定量产品所得到的全部收入。以 P 表示既定的市场价格,以 Q 表示销售总量,总收益的定义公式为:
$$\mathrm{TR}(Q) = P \cdot Q$$

平均收益(AR)是指厂商平均每销售一单位产品所得到的收入。平均收益的定义公式为:
$$\mathrm{AR}(Q) = \frac{\mathrm{TR}(Q)}{Q}$$

边际收益(MR)是指厂商每增加销售一单位产品所增加的收入。边际收益的定义公式为：

$$MR(Q) = \frac{\Delta TR(Q)}{\Delta Q}$$

或

$$MR(Q) = \lim_{\Delta Q \to 0} \frac{\Delta TR(Q)}{\Delta Q} = \frac{dTR}{dQ}$$

由上式可知，每一个销售量水平上的边际收益值就是相应的总收益曲线的斜率。

由于厂商按既定的市场价格销售产品，每单位产品的售价也就是每单位产品的平均收益。因此，价格等于平均收益。在完全竞争的条件下，个别厂商销售量的变动，并不能影响市场价格。这就是说，厂商每增加一单位产品的销售，市场价格仍然不变，从而每增加一单位产品销售的边际收益也不会变。所以，平均收益与边际收益相等。正因为价格、平均收益与边际收益都是相等的，所以平均收益、边际收益与需求曲线都是同一条线，如图6-3(b)所示。

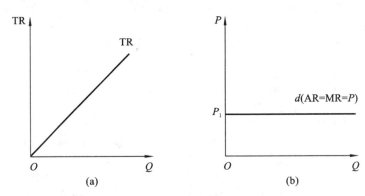

图 6-3 完全竞争厂商的总收益、平均收益和边际收益

第三节 完全竞争厂商的短期均衡

一、利润最大化的均衡条件

令厂商的利润等式为：

$$\pi(Q) = TR(Q) - TC(Q)$$

满足上式利润最大化的一阶条件为：

$$\frac{d\pi(Q)}{dQ} = \frac{dTR(Q)}{dQ} - \frac{dTC(Q)}{dQ} = MR(Q) - MC(Q) = 0$$

实现利润达到最大化的条件是

$$MR(Q) = MC(Q)$$

厂商应该根据 MR＝MC 的原则来确定最优的产量，以实现最大的利润。需要说明的是 MR＝MC 的均衡条件，有时也被称为利润最大或亏损最小的均衡条件。这是因为，当厂商

实现 MR＝MC 的均衡条件时,并不意味着厂商一定能获得利润。从更广泛意义上讲,实现 MR＝MC 的均衡条件,能保证厂商处于由既定的成本状况(由既定的成本曲线表示)和既定的收益状况(由给定的收益曲线表示)所决定的最好情形之中。也就是说,如果在 MR＝MC 时,厂商是获利的,则厂商所获得的一定是相对最大的利润;相反,如果在 MR＝MC 时,厂商是亏损的,则厂商所遭受的一定是相对最小的亏损。

二、完全竞争市场厂商的短期均衡分析

在短期内,厂商生产规模是既定的,不能根据市场需求来调整全部生产要素。市场的价格也是既定的。从整个行业来看,有可能出现供给小于需求或供给大于需求的情况。从整个行业的市场来看,如果供给小于需求,则价格高;如果供给大于需求,则价格低。因此,在短期内,厂商是在既定的生产规模下,通过对产量的调整来实现 MR＝MC 时的利润最大化的均衡条件。

在图 6-4 中,SMC 是厂商的短期边际成本曲线,SAC 是厂商的短期平均成本曲线,AVC 是平均可变成本曲线,P_1、P_2、P_3 分别是不同的市场价格。在完全竞争市场中,市场价格(P)等于厂商的平均收益(AR),也等于厂商的边际收益(MR)。

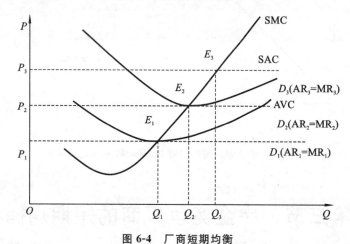

图 6-4 厂商短期均衡

(1) E_2 是厂商均衡点。此时,市场价格等于平均成本最低点,厂商最优化地利用生产要素,要素的生产效率最高,这一点也是边际收益等于边际成本点,厂商实现了利润最大化。在厂商均衡点上,厂商实现了生产成本最低条件下的最大化利润。在这一点上,厂商既没有亏损也没有经济利润(即超额利润),因此,这一点也被称为收支相抵点或经济能量点。厂商短期均衡的条件是价格 P_2(或边际收益 MR)＝边际成本 MC。

(2) E_3 是厂商获得经济利润点。此时,市场价格(即边际收益)高于平均成本最低点。在边际收益等于边际成本点,厂商实现了利润最大化。在这一点上,厂商的平均收益等于市场价格,平均收益高于平均成本,厂商获得的经济利润(超额利润)为:(价格 P_3－平均成本 SAC)×产量 Q_3。

(3) E_1 是厂商停止营业点。当市场价格低于 P_2 时,市场价格低于平均成本,单位产品的销售收入不能弥补生产成本,厂商出现亏损。亏损额为:(价格 P－平均成本 SAC)×产量 Q。在边际收益等于边际成本点是厂商亏损最小点。在 E_1 点以上,即在价格低于 P_2 但高

于 P_1 的区域内,厂商进行生产虽然有部分固定成本收不回来,但还可以收回可变成本,如工人工资、原材料费用等。当市场价格降到 P_1 点时,厂商就会停止生产,这时不仅固定成本收不回来,可变成本也收不回来。因此,这个点又称为停止营业点。

因此,在完全竞争条件下,厂商边际收益、平均收益都与商品价格相等,不仅单一厂商是商品市场价格的接受者,而且单一厂商的销售量并不能影响商品的价格,即厂商增加一单位商品的销售所增加的收入是单位商品的价格。因此,厂商利润最大化的条件是边际成本等于商品的价格。即只要边际成本低于商品的市场价格,厂商增加生产就能增加利润;反之,就会减少利润。两者相等时,总利润达到最大。

那么,企业在利润最大化产量上是盈还是亏?据前述,企业在利润最大化的产量取决于企业生产的边际成本和商品的价格。当边际成本和商品的价格恰好相等时,企业生产的产量达到了利润的最大化。但是,在利润最大化产量上,企业是不是肯定就有净利润呢?答案是,在短期内,企业既可能盈利,也可能亏损,当然还可能持平,即不亏不盈。换句话说,即使企业按照利润最大化的原则(即边际成本等于边际收益)进行生产,企业最后实现的利润仍然可能会出现三种情况,即大于、等于和小于零。之所以如此,是因为利润最大化仅仅表明,企业在现有的生产技术条件下,已经做到了最好。但即使做到最好,在短期内也可能无法避免亏损,因为在短期内并非所有的要素是可变的,企业并不能自由地退出,在利润最大化产量上,企业到底能不能真正获得利润,不是看边际成本和边际收益,而是看总成本和总收益,或者看平均成本和平均收益。如果在利润最大化产量上,企业的总收益大于总成本(或者平均收益大于平均成本),则企业就是盈利的。反之,如果在利润最大化产量上,企业的总收益小于总成本(或者平均收益小于平均成本),则企业就是亏损的。最后,如果在利润最大化产量上,企业的总收益恰好等于总成本(或者平均收益等于平均成本),则企业就正好不亏不盈。

企业亏损时停不停产?这取决于继续生产和停产两种情况何者损失更大。无论是继续生产也好,还是停产也好,企业都要遭受损失,停产时存在不可避免的损失,那就是固定资本的损失。因为尽管停产之后,企业可以不再雇佣工人,不再购买原材料,但是,原先投入在机器、设备和厂房等方面的资金一般就无法再全部收回了。继续生产,则每增加一个单位的产品会带来效益,这个收益有可能大于平均可变成本,也有可能小于平均可变成本。如果收益大于平均可变成本,意味着继续生产会使总损失减少,反之则会使总损失扩大。因此,企业在决定是停产还是不停产时,要考虑这两个方面的损失谁大谁小。如果停产之后带来的固定资产的损失小于继续生产的损失,则决定停产;否则,还是继续生产为好。在后面这种情况下,继续生产尽管仍然有损失,但是按照利润最大化的原则继续生产,能够使损失达到最小。

综上所述,完全竞争厂商短期均衡的条件是 MR=MC,式中的 MR=AR=P。在短期均衡时,厂商的利润可以大于零,也可以等于零,或者小于零。

三、完全竞争市场厂商和行业的短期供给曲线

厂商的短期供给曲线是短期内厂商的最有利的产量水平与价格水平组合点轨迹,在图 6-4 中已分析,将点 $E_1(Q_1,P_1)$、$E_2(Q_2,P_2)$、$E_3(Q_3,P_3)$ 连成线,这条曲线就是厂商位于 AVC 曲线最低点以上部分的短期边际成本曲线,如图 6-5 所示。

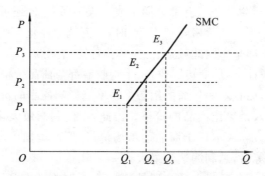

图 6-5　厂商短期边际成本曲线

短期供给曲线表示供给量与价格的对应关系。厂商的供给量与价格是正相关,商品自身价格变化引起供给量变化,供给量的变化表现为沿着同一条供给曲线移动。

在任何价格水平上,一个行业的供给量等于行业内所有厂商的供给量的总和。据此,假定生产要素的价格不变,则一个行业的短期供给曲线由该行业的所有厂商的短期供给曲线的水平加总而得到。下面用图 6-6 加以说明。

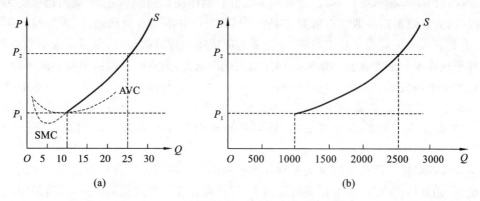

图 6-6　完全竞争行业的短期供给曲线

在图 6-6 中,假定某完全竞争行业中有 100 个相同的厂商,每个厂商都具有相同的短期成本和相应的短期供给曲线,用图 6-6(a)中的实线 S 表示。将这 100 个相同的厂商的短期成本曲线水平相加,便得到图 6-6(b)中的行业的短期供给曲线 S。从图 6-6 中可以很清楚地看到,在每一个价格水平上,行业的供给量等于这 100 个厂商的供给量的总和。例如,当价格为 P_1 时,每个厂商的供给量为 10,则行业的供给量为 $1\,000(10\times100)$。当价格为 P_2 时,每个厂商的供给量为 25,则行业的供给量为 $2\,500(25\times100)$,等等。

我们可以将厂商的短期供给函数和行业的短期供给函数之间的关系用公式表示为:

$$S(P) = \sum_{i=1}^{n} S_i(P)$$

式中:$S_i(P)$ 为第 i 个厂商的短期供给函数;$S(P)$ 表示行业的短期供给函数。如果行业内的 n 个厂商具有相同的短期供给函数,则公式可以写成:

$$S(P) = n \cdot S_i(P)$$

显然,完全竞争行业的短期供给曲线保持了完全竞争厂商的短期供给曲线的基本特征。这就是,行业的短期供给曲线也是向右上方倾斜的,它表示市场的产品价格和市场的短期供给量呈同方向变动。而且,行业的短期供给曲线上与每一价格水平相对应的供给量都是可以使全体厂商在该价格水平获得最大利润或最小亏损的最优产量。

第四节 完全竞争厂商和行业的长期均衡

在长期生产中,所有的要素都是可变的,各厂商能够调整它的生产规模,厂商能够进入或退出某一行业。因此,长期分析既要考虑厂商生产规模的变动,又要考虑厂商数量的变动。

一、完全竞争厂商的长期均衡

在长期中,由于所有生产要素都可以调整,因此,只有当市场价格 $P \geqslant$ 平均成本 AC,厂商才会进行生产。

短期中,企业依照边际成本等于边际收益的利润最大化原则进行生产,有可能盈利,也有可能亏损。在发生亏损的情况下,有可能停产,也有可能不停产。这样的情况在长期中还可能继续存在吗?答案是否定的,因为在长期中,厂商可以根据市场价格来调整全部生产要素和生产,也可以自由进入或退出该行业。这样,整个行业供给的变动就会影响市场价格,从而影响各个厂商的均衡。具体来说,如果出现供小于求,市场价格高于平均成本,厂商有超额利润存在,厂商就可以扩大生产,其他行业的厂商也会进入这一行业。于是,整个行业的供给增加,价格下降,超额利润消失。反之,如果出现供大于求的情况,有亏损存在,厂商就可以减少生产,或退出该行业。于是,整个行业的供给减少,价格上升,亏损消失,最终厂商既无超额利润,又无亏损,实现了长期均衡,如图 6-7 所示。

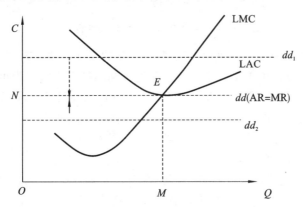

图 6-7　厂商长期均衡

在图 6-7 中,LMC 是长期边际成本曲线,LAC 是长期平均成本曲线。虚线 dd_1 为整个行业供给小于需求时个别厂商的需求曲线,虚线 dd_2 为整个行业供给大于需求时个别厂商的需求曲线。当整个行业供给小于需求时,由于价格低会引起整个行业供给增加,从而价格下降,个别厂商的需求曲线 dd_2 向上移动。这种调整的结果使需求曲线最终移动到 dd。这时,边际成本曲线(LMC)与边际收益曲线(MR,即 dd)相交于 E 点,决定了产量为 OM。这时总收益为平均收益乘以产量,即图 6-7 中的 OMEN。总成本为平均成本乘以产量,也是图

6-7 中的 OMEN。这样,总收益等于总成本,厂商既无超额利润又无亏损,因此,也就不再调整产量,即实现了长期均衡。

由图 6-7 中还可以看出,当实现了长期均衡时,长期边际成本曲线(LMC)和长期平均成本曲线(LAC)都相交于 E 点。这就表明,长期均衡的条件是

$$MR = AR = LMC = LAC$$

二、行业的长期均衡

在图 6-8 中,有一组完全竞争市场的均衡综合图,我们利用该图进行具体的分析。

图 6-8(a)、(b)中分别有甲、乙两个消费者的需求曲线 d_1 和 d_2。根据效用论,我们知道,单个消费者的需求曲线 d_1 和 d_2 都是从单个消费者追求自身效用最大化的行为推导出来的,单个消费者的需求曲线上的每一点表示在一定价格水平下能够给单个消费者带来最大效用的需求量。图 6-8(c)中的市场需求曲线 D 是由图 6-8(a)、(b)中的两个消费者的需求曲线 d_1 和 d_2 的水平加总而得到的。无疑,市场需求曲线 D 上每一点也同样表示在一定价格水平下能够给市场上每一个消费者带来最大效用的需求量。

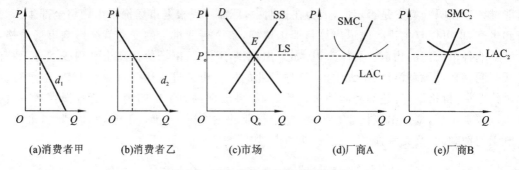

图 6-8 完全竞争市场的均衡综合图

图 6-8(d)、(e)中分别是 A、B 两个完全竞争厂商的成本曲线。根据生产论、成本论和完全竞争市场论,我们知道,由单个完全竞争厂商追求利润最大化的行为可以推导出厂商的短期供给曲线,它是厂商的 SMC 曲线上等于和大于 AVC 曲线最低点的部分(图 6-8 中略去了 AVC 曲线),所以,我们可以把图 6-8(d)、(e)中的 SMC_1 曲线和 SMC_2 曲线分别看成是厂商 A 和 B 的短期供给曲线。单个厂商短期供给曲线上的每一点都表示在一定价格水平下可以给单个厂商带来最大利润的供给量。图 6-8(c)中的市场短期供给曲线 SS 是由图 6-8(d)、(e)中的两个厂商的短期供给曲线即 SMC_1 曲线和 SMC_2 曲线水平加总而得到的。显然,市场短期供给曲线 SS 上的每一点同样表示在一定价格水平下可以给行业中每一个厂商都带来最大利润的供给量。

在图 6-8(c)中,市场需求曲线 D 和市场短期供给曲线 SS 相交于 E 点,E 点是市场的一个短期均衡点,相应的均衡价格为 P_e,均衡数量为 Q_e。同时,我们可以发现,E 点同时又是市场的一个长期均衡点,因为有一条水平的市场长期供给曲线 LS 与市场需求曲线 D 也相交于 E 点。由此可知,市场的长期均衡价格和长期均衡数量分别是 P_e 和 Q_e。就市场长期均衡价格 P_e,它等于厂商的 LAC 曲线的最低点。这表明,在完全竞争市场的长期均衡点上,厂商的生产成本降到了最低水平,它等于最低的长期平均成本,而且市场的长期均衡价格也降到了最低水平。再就市场的长期均衡数量 Q_e 而言,它既等于市场上所有消费者的需

求量之和,又等于市场上所有厂商的供给量之和,所以市场刚好出清,既不存在供不应求,又不存在产品过剩。更重要的是,此时,一方面,所有的厂商都以最低的成本提供产品,并且都获得了最大的利润(尽管利润为零);另一方面,所有的消费者都以最低的价格购买产品,各自都得到了最大的效用。

正因为如此,西方学者提出,完全竞争市场长期均衡状态的形成及其特征表明,完全竞争的市场机制能够以最有效率的方式配置经济资源。这部分内容构成了对完全竞争市场经济的"看不见的手"的原理进行论证的一个重要组成部分。

【本章小结】

市场结构理论综合了供求理论、消费理论和生产理论,分析了市场经济中存在的四种典型的市场类型:完全竞争市场、垄断竞争市场、寡头市场和垄断市场。每种市场都有其自身的特征,市场效率差别很大。

理论上,厂商要实现利润最大化,都必须满足 MR=MC 这个条件。对于完全竞争市场,由于价格曲线与边际收益曲线重合,因此利润最大化条件是 $P=MC$。短期内完全竞争厂商可能获利也可能亏损,但长期内利润为零。

完全竞争厂商的短期供给曲线是其短期边际成本曲线的一部分,由此可以推知行业短期供给曲线。

从价格、成本、利润、产量等方面看,完全竞争市场是最有效率的。

【思考与练习】

一、重要概念

厂商均衡　完全竞争市场　平均收益　边际收益　停止营业点

二、单项选择题

1. 已知某企业生产的商品价格为 10 元,平均成本为 11 元,平均可变成本为 8 元,则该企业在短期内(　　)。

　A. 停止生产且亏损　　　　　　B. 停止生产且存在利润

　C. 继续生产但亏损　　　　　　D. 停止生产且不亏损

2. 下列生产行业中,(　　)最接近完全竞争模式。

　A. 飞机　　　　　　　　　　　B. 卷烟

　C. 汽车　　　　　　　　　　　D. 水稻

3. 对于一个完全竞争市场,企业实现利润最大化的必要条件是(　　)。

　A. 平均成本最低　　　　　　　B. 总收益最大

　C. 边际收益大于边际成本　　　D. 边际成本等于市场价格

4. 在 MR=MC 的均衡产量上,企业(　　)。

　A. 必然得到最大的利润

　B. 不可能亏损

　C. 必然得到最小的亏损

　D. 若获利润,则利润最大;若亏损,则亏损最小

三、思考题

1. 什么是完全竞争？实现完全竞争的条件是什么？
2. 用图说明完全竞争厂商短期均衡的形成过程及形成条件。
3. 用图说明完全竞争厂商长期均衡的形成过程及形成条件。
4. 说明完全竞争条件下，行业的短期供给曲线和厂商的短期供给曲线之间的关系。

四、计算题

1. 一个完全竞争厂商的总成本与总产量的关系函数如下表所示，当价格分别为13美元、14美元、15美元、16美元、17美元时，厂商的产量将各是多少？

总产量	0	1	2	3	4	5	6	7
总成本	20	30	42	55	69	84	100	117

2. 完全竞争厂商的短期成本函数为 $STC=0.01Q^3-2Q^2+15Q+10$，试求：

(1) 当市场上产品的价格为 $P=55$ 时，厂商的短期均衡产量和利润；

(2) 当市场价格下降为多少时，厂商必须停产；

(3) 厂商的短期供给函数。

3. 某完全竞争企业的成本函数为 $STC=Q^3-9Q^2+81Q+25$，求：

(1) 收支相抵价格与停止营业价格；

(2) 若产品的价格 $P=81$，求最优产量和利润；

(3) 厂商的短期供给函数。

第七章　不完全竞争市场

【学习目标与要求】

通过本章的学习，掌握自然垄断、纯粹寡头、差别寡头、价格歧视、完全垄断市场的需求曲线、收益曲线、边际收益曲线；理解完全垄断厂商的短期均衡、长期均衡过程；掌握垄断竞争厂商的需求曲线与短期均衡、长期均衡的条件；了解寡头垄断市场的特征与需求曲线；理解古诺模型、斯塔克尔伯格模型及斯威齐模型，并且能够比较不同市场的经济效率。

第一节　完全垄断市场

麦当劳公司一直采取向消费者发放折扣券的促销策略，他们对来麦当劳就餐的顾客发放麦当劳产品的宣传品，并在宣传品上印制折扣券。为什么麦当劳不直接将产品的价格降低？

原因在于这是麦当劳公司采取的三级价格歧视策略，麦当劳公司知道并不是所有的顾客都愿意花时间将折扣券剪下来保存，并在下次就餐时带来。此外，剪折扣券意愿与顾客对物品支付意愿和他们对价格的敏感度相关。富裕而繁忙的高收入阶层到麦当劳用餐弹性低，对折扣券的价格优惠不敏感，不可能花时间剪下折扣券并随时带在身上，以备下次就餐时使用，而且折扣券所省下的钱他们也不在乎。但低收入的家庭到麦当劳用餐弹性高，他们更可能剪下折扣券，因为他们的支付意愿低，对折扣券的价格优惠比较敏感。

麦当劳公司通过只对这些剪下折扣券的顾客收取较低价格，吸引了一部分低收入家庭到麦当劳用餐，成功地实行了价格歧视，采取了三级价格歧视策略，并从中多赚了钱。如果直接将产品价格降低，不带折扣券的高收入阶层消费可多得的收入就会流失。

一、垄断市场的条件

完全垄断，又称垄断，是指整个行业的市场完全处于一家厂商所控制的状态，即一家厂商控制了某种产品的市场。完全垄断也是经济中一种特殊的情形，形成完全垄断的条件主要有：①市场上只有唯一的一家厂商生产和销售某种商品；②该厂商生产和销售的商品没有良好的替代品；③其他任何厂商进入该行业都极为困难或不可能。这样，独家垄断厂商就控制了整个市场，垄断厂商可以控制和操纵市场价格。

完全垄断存在的原因主要有以下几种：

（1）生产要素垄断。某种产品的生产必须使用特定的生产要素，若某家厂商对此生产要素拥有绝对的控制权，就会形成垄断。

（2）自然垄断。某些行业可能始终保持规模收益递增的特征。在这些行业只需要两家厂家经营就可以满足整个市场的需求。若由两家或两家以上厂商生产将产生较高的平均成本，造成社会资源的浪费，这些行业局限于自然垄断行业，如电力、天然气、自来水等。

（3）政府的特许。政府往往在某些行业实行垄断政策，如铁路运输部门、供水供电部门等，这样，独家企业就成了这些行业的垄断者。

（4）专利权垄断。政府为鼓励发明创造，对某些研究成果给予专利保护，使厂商拥有独家生产权，从而形成垄断。

二、垄断厂商的需求曲线和收益曲线

1. 垄断厂商的需求曲线

在整个垄断市场上，一家厂商就是整个行业。因此，整个行业的需求曲线也就是一家厂商的需求曲线。一家厂商控制生产，它的供给增加，价格下降，需求就会增加；它的供给减少，价格上升，需求也会减少。供给影响着价格，价格与需求量呈反方向变动，因此，需求曲线是一条向右下方倾斜的曲线。

2. 垄断厂商的收益曲线

厂商所面临的需求状况直接影响厂商的收益，这就意味着厂商的需求曲线的特征将决定厂商的收益曲线的特征。垄断厂商的需求曲线是向右下方倾斜的，其相应的平均收益 AR 曲线 AR、边际收益曲线 MR 和总收益曲线 TR 的一般特征如图 7-1 所示。第一，由于厂商的平均收益 AR 总是等于商品的价格 P，所以垄断厂商的 AR 曲线和需求曲线 D 重合，为同一条向右下方倾斜的曲线。第二，由于 AR 曲线是向右下方倾斜的，则根据平均量和边际量之间的相互关系可以推知，垄断厂商的边际收益 MR 总是小于平均收益 AR，因此，图中 MR 曲线位于 AR 曲线的左下方，且 MR 曲线也是向右下方倾斜。第三，由于每一销售量上的边际收益 MR 值就是相应的总收益曲线 TR 的斜率，所以，当 MR>0 时，TR 曲线的斜率为正；当 MR<0 时，TR 曲线的斜率为负；当 MR=0 时，TR 曲线达到最大值点。

垄断厂商的需求曲线 D 可以是直线型的（如图 7-1），也可以是曲线型的。图 7-1 中垄断厂商的需求曲线是直线型的，体现了垄断厂商的 AR 曲线、MR 曲线和 TR 曲线相互之间的

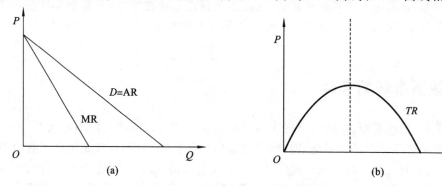

图 7-1　完全垄断市场的收益规律

一般关系。当垄断厂商的需求曲线 D 为直线型时，D 曲线和 MR 曲线的纵截距是相等的，且 MR 曲线的横截距是 D 曲线横截距的一半。

三、垄断厂商的短期均衡和长期均衡

垄断厂商均衡的条件是 MR＝MC。在短期内，垄断厂商无法改变固定要素投入量，垄断厂商是在既定的生产规模下通过对产量和价格的调整，来实现 MR＝SMC 的利润最大化的原则。在图 7-2 中，MR 与 SMC 相交于 E 点，决定了产量 Q，将 EQ 延伸，它与需求曲线 D 相交于 A 点，这样就决定了价格为 P。这时，总收益＝平均收益 AR×产量 Q，垄断厂商利润＝（价格 P－平均成本 ATC）×产品数量 Q。

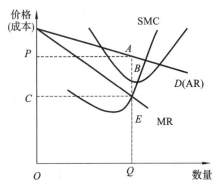

图 7-2　完全垄断市场的厂商短期均衡

在短期内，当价格高于平均成本时，垄断厂商获得超额利润；当价格等于平均成本时，垄断厂商获得正常利润；当价格低于平均成本时，垄断厂商出现亏损。

垄断厂商可以根据已知的市场供求情况在高价少销或低价多销之间做出选择，以取得最大利润，其他厂商无法加入这一行业。所以，在完全垄断条件下，短期均衡与长期均衡是同样的。均衡的条件是 MR＝MC，即使在短期内有亏损，垄断厂商也可以通过调高价格，减少亏损，在长期中实现正常利润或超额利润。

四、价格歧视

垄断厂商的差别定价，即假定垄断者根据他生产和销售的产品的市场需求状况和成本状况，定出他打算销售的数量和价格，并对所有购买者索取相同的价格。在实际生活中，在卖者是垄断者（或寡头垄断者）的许多市场上流行着价格歧视，即垄断厂商在销售同一产品的不同数量向相同或不同的消费者索取不同的价格。根据英国经济学家庇古的划分，主要有三种形式的价格歧视。

1. 一级价格歧视

一级价格歧视，亦称完全价格歧视，是指垄断者对按照每一位消费者购买每一单位商品愿意并能够支付的最高价格来逐一确定产品销售价格的定价方式。如果垄断厂商知道每一位消费者为了能够买进每一单位产品所愿付出的最高价格，就表示垄断者可以实行一级价格歧视。

当垄断厂商实行一级价格歧视时，消费者剩余全部转化为垄断者利润。一级价格歧视在现实生活中比较少见。典型例子是如果某一偏远乡村中只有一名医生，且该医生了解村中每一户居民的收入状况与支付意愿，则该医生就可以根据不同病人的能力和愿意支付的最高价格，对相同的治疗收取不同的医疗费用。

2. 二级价格歧视

如果垄断厂商按不同价格销售不同数量的产品，每个购买相同数量商品的消费者支付相同的价格,这种情况被称为二级价格歧视。二级价格歧视依赖于购买数量,但不依赖于消费者,这种定价亦称非线性定价。此时,每一个消费者都面临一份相同的价目表,但是价目表规定了不同购买数量所对应的不同价格。数量折扣就属于这类情形。

3. 三级价格歧视

三级价格歧视是指垄断厂商把消费者分组,按组制定差别价格的方式。例如,同一产品,在不同市场中销售时采取不同的定价,同一个市场有一个统一的价格,这种情形又称市场歧视,是一种最为普遍的价格歧视方式。

但是,实行价格歧视必须具备一些条件:①实行价格歧视的市场是相互分离的。否则,买者都会去价格低的市场购买。②各个市场上需求量的变化对于价格变动的反应程度有差别。

第二节 垄断竞争市场

案例导入

在美国,经济学教科书多如牛毛。在我国,翻译的或国内学者编写的同类教科书也相当多。1998 年,美国哈佛大学教授曼昆所著的《经济学原理》,在美国初次印刷发行即达 20 万册。1999 年,该书中文版问世后不到半年也销售了 8 万册。在竞争激烈的经济学教科书市场上,曼昆的《经济学原理》获得成功的原因就在于他创造出了自己的产品特色。曼昆是美国知名的经济学家,对经济学前沿的熟悉使他写的教科书能反映出经济学的最新进展,他注意到一些经济学教科书严肃枯燥又求全的缺点,以通俗的事例、故事、政策分析来介绍深奥的经济学原理,使沉闷的经济学让人读起来轻松、愉快。与其他同类经济学教科书相比,曼昆的《经济学原理》具有简明性、通俗性和趣味性。因此,该书出版后,读者认可并接受了它的差别。有差别的产品在市场上获得成功是理所当然的。

一、垄断竞争市场的条件

在现实经济生活中,完全竞争与完全垄断都是较少见的,现实中普遍存在的是介于这两种极端情况之间的状况:垄断竞争市场与寡头垄断市场。

垄断竞争市场是指一种既有垄断又有竞争,既不是完全竞争又不是完全垄断的市场结构。它有两个条件。第一,产品之间存在着差别。正是同种产品之间有这些差别的存在引起垄断,因为各种产品的特点,使这些有差别的生产者成为自己产品的垄断者。但是,因为各种产品在一定程度上又有替代性,所以各种有差别的产品之间又形成了竞争。第二,厂商的数量仍然是比较多的。这样,任何一家厂商都无法完全垄断该产品的市场。

市场中许多产品都是有差别的,因此,垄断竞争是一种普遍现象,而最明显的垄断竞争市场是轻工业品市场。

二、垄断竞争厂商的需求曲线

由于垄断竞争厂商可以在一定程度上控制自己产品的价格,即通过改变自己所生产的有差别的产品的销售量来影响产品的价格,所以,如同垄断厂商一样,垄断竞争厂商所面临的需求曲线也是向右下方倾斜的。所不同的是,由于各垄断竞争厂商的产品相互之间替代性较强,市场中的竞争因素又使得垄断竞争厂商的需求曲线具有较大的弹性,因此,垄断竞争厂商向右下方倾斜的需求曲线是比较平坦的,相对地比较接近完全竞争厂商的水平形状的需求曲线。

垄断竞争厂商的需求曲线及相应的平均收益曲线、边际收益曲线如图 7-3 所示,d 曲线为垄断竞争厂商的需求曲线,它是一条比较平坦的向右下方倾斜的曲线,该线也表示平均收益曲线 AR。边际收益曲线 MR 也是向右下方倾斜,且位于 d 曲线的下方。由于 d 曲线是线性的,所以 MR 曲线和 d 曲线的纵截距相同,MR 曲线的斜率是 d 曲线的两倍。

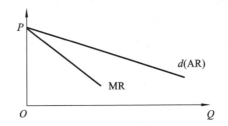

图 7-3 垄断竞争厂商的需求曲线和收益曲线

三、垄断竞争厂商的短期均衡和长期均衡

垄断竞争下的短期均衡与垄断下的短期均衡大体相似。这是因为在短期内,每一个厂商对于自己所生产的有差别的产品都具有垄断地位,所以可以获得超额利润,均衡实现的条件也是 MR=SMC。当价格大于、等于或小于产品平均成本时,厂商可以获得超额利润、正常利润或亏损。

在长期中,垄断竞争厂商根据利润最大化的原则 MR=LMC 做出生产决策。由于垄断厂商在长期内不仅可以调整所有生产要素的投入量,而且可以比较自由地进出行业,因此便意味着垄断竞争厂商长期均衡时利润必定为零。也就是说,在垄断竞争厂商的长期均衡产量上,d 需求曲线必定与 LAC 曲线相切。

长期中,垄断竞争市场上存在着激烈的竞争。超额利润的存在是推动各厂商进行竞争的动力。各个厂商可以仿制别人有特色的产品,可以创造自己更有特色的产品,也可以通过广告来创造消费者的需求,形成自己产品的垄断地位。竞争的结果必然是各种有差别产品的价格下降。可以用图 7-4 来说明长期均衡的情况。

在图 7-4 中,虚线 dd' 是短期的需求曲线。在长期中,由于各厂商竞争激烈,因此价格水平下降,从而需求曲线移动到 dd。这时,厂商决定产量的原则仍然是边际收益等于边际成本,因此,边际成本曲线(LMC)与边际收益曲线(MR)的交点 E 决定了产量为 OM,此时,也决定了价格水平为 ON。这时,总收益为平均收益(价格)乘以产量,即图 7-4 中的 $OMGN$,

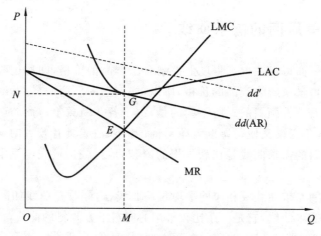

图 7-4 垄断竞争市场的厂商长期均衡

总成本为平均成本乘以产量,平均成本在产量为 OM 时也是 ON,因此,总成本也是 $OMGN$。总收益与总成本相等,不存在超额利润。这时各厂商不再调整自己的产量,实现了长期均衡。从图 7-4 中可以看出,在实现了长期均衡时,边际收益等于边际成本,平均收益等于平均成本。所以,垄断竞争市场上长期均衡的条件是:

$$MR=LMC, AR=LAC$$

四、非价格竞争

与完全垄断厂商相比,垄断竞争厂商对商品价格的影响力要小得多,因为它们生产的是近似的、一定程度上可相互替代的产品。在图形上,垄断竞争市场上厂商的需求曲线要比完全垄断市场厂商的需求曲线平坦得多。从长期来看,价格竞争会使产品价格持续下降,最终使厂商的利润消失。因此,非价格竞争便成为垄断竞争厂商普遍采用的另一种竞争方式。

非价格竞争,主要是指通过增加产品差异(既包括品质差别也包括想象中的差别)的方式来扩大自己产品的市场份额,谋取竞争优势。常用的手段有产品变异促销和广告宣传促销等。这两种措施都会在增加总成本的同时,使总收益增加。假如后者大于前者,则改变产品的"质量"或增加推销费用将是有利可图的。

经济学家对于非价格竞争的评价是不尽相同的。有的经济学家认为,非价格竞争作为厂商之间相互竞争的一种形式,它强化了市场竞争程度,并且,非价格竞争的一些具体做法,客观上也符合消费者的某些需要。也有一部分经济学家认为,非价格竞争增加了消费者对某些产品的依赖程度,从而使得某些厂商市场势力增强。尤其是关于广告的作用,更是引起了经济学家的广泛关注。一般来说,经济学家认为,将广告分为信息性广告和劝说性广告这两类,有助于问题的分析。就信息性广告而言,它提供关于商品的比较充分的信息,有利于消费者做出最佳的购买决策,节约了消费者的信息搜寻成本。而且,信息性广告之间的相互竞争,有利于经济资源的合理配置。相反,劝说性广告却很少能提供对消费者来说真正有用的信息。尽管劝说性广告也会增加厂商的销售量,但受诱导的消费者往往并不能够购买到自己实际上需要且真正满意的商品。在现实生活中,每一个宣传广告往往既带有提供信息的成分,又同时带有劝说的成分。正因为如此,评价广告的作用存在一定的困难。

综上分析,我们可以把垄断竞争市场与完全竞争和完全垄断市场进行比较。首先,从平均成本来看,垄断竞争市场上平均成本比完全竞争时高,这说明垄断竞争时由于有垄断的存在,生产要素的效率不如完全竞争时高。但这时的平均成本一般又低于完全垄断,说明由于有竞争的存在,生产要素的效率又比完全垄断时高。其次,从价格来看,即使在长期中,垄断竞争时的价格也高于完全竞争,因为这时平均成本较高。对消费者来说,付出高于完全竞争时的价格,得到的是丰富多彩各具特色的产品,可以满足不同的要求。但垄断竞争下的价格又要低于完全垄断,因为这时价格不是由垄断者决定的垄断价格,而是由市场竞争形成的价格。最后,从产量来看,垄断竞争下的产量一般要低于完全竞争而高于完全垄断,这说明垄断竞争下资源的利用程度不如完全竞争而优于完全垄断。

在分析垄断竞争市场的优缺点时,还要注意两点。第一,垄断竞争有利于鼓励创新。因为竞争的存在,短期超额利润的存在激发了厂商进行创新的内在动力,通过生产出与众不同的产品可以在短期内获得垄断地位及超额利润,这就使各厂商有进行创新的愿望。而长期中的竞争又使这种创新的动力持久不衰。第二,垄断竞争之下会使销售成本,主要是广告成本增加,各厂商要使自己的产品成为有特色的产品,必须进行广告宣传。这种广告对生产和消费有促进作用,但同时也增加了销售成本,增加了总成本和平均成本。西方许多经济学家认为,垄断竞争从总体上看是利大于弊。而在现实中,垄断竞争也是一种普遍存在的市场结构。

第三节 寡头垄断市场

案例导入

我们以彩电市场为例,我国当前市场需求量约为 2 000 万台,而生产能力则有 4 000 万台左右,明显的供大于求注定了市场竞争将会日趋激烈。各个彩电企业又都是单独的利益主体,它们在市场竞争中当然会从争取更多的顾客和市场份额的动机出发,选择对自己有利的策略——竞相降价为正常举措。但是,当一些企业在日益激烈的价格竞争中感到盈利下跌,难以招架时,该怎么办?它们可以设法扩大规模,也可转产,改变原有的投资方向。这便是市场经济条件下企业争取规模效益,或是灵活调头的发展之路。如果一个企业只想靠价格联盟来形成和保持垄断利益,扩大市场份额,最终会发现,在商品供大于求的背景下,去签一个自己和竞争对手们都不会认真遵守的协议(除非协议有超级监督力和强制力),不过是徒劳之举。

对于政府部门和行业协会来说,应该考虑自己有无能力或有无必要让所有彩电企业都有饭吃。在供大于求的背景下,通过价格、品牌、服务、质量等方面的竞争,强势企业可以通过增加市场份额、兼并重组,不断扩大规模而成为市场经济竞争下产生的"巨舰";弱势企业则需利用市场退出机制,或寻找新的投资点,以扬长避短,或者被其他企业兼并、联合,成为"巨舰"的一部分。如此,才会产生具有国际竞争力的大企业,所有消费者也将从产品价格不断降低、质量服务日益完善中受益。国际和国内的历史经验表明,希望通过政府"拉郎配"的办法去组建大企业,或是通过欧佩克式的价格联盟保护垄断与落后均非好的办法。

一、寡头垄断的特征

寡头垄断,又称寡头,是指为数不多的销售者。在寡头垄断市场上,少数几家厂商供给该行业的大部分产品,这几家厂商的产量在该行业的总产量中各占有较大的份额,所以对市场的价格与产量都有举足轻重的影响。寡头垄断是介于完全垄断与垄断竞争之间的一种市场结构。它的显著特点是一个行业中为数不多的几家垄断厂商进行着激烈的竞争。西方国家中有不少行业都表现出寡头垄断的特点,如美国的汽车业、电气设备业等,都被少数几家企业所控制。

形成寡头市场的主要原因有:某些产品的生产必须在相当大的生产规模上运行才可能达到最好的经济效益;行业中少数几家企业对生产所需的基本生产资源的供给的控制;政府的扶持,等等。由此可见,寡头市场的成因和垄断市场很相似,只是在程度上有所差别。寡头市场是比较接近垄断市场的一种市场组织。

寡头行业可按不同方式分类。根据产品特征,可以分为生产相同产品的纯粹寡头(如生产石油、钢铁的寡头)与生产有差别产品的寡头(如生产汽车、香烟的寡头)。此外,寡头行为还可按厂商的行动方式,分为有勾结行为的(即合作的)和独立行动的(即不合作的)不同类型。

寡头垄断的市场与其他市场结构不同。在寡头垄断下,厂商为数不多,但这几家厂商都占有举足轻重的地位。他们各自在价格或产量方面的变化都会影响整个市场和其他竞争者的行为。所以,在每家厂商做出价格与产量的决策时,不仅要考虑本身的成本与收益情况,还要考虑对市场的影响以及竞争对手可能做出的反应。如果考虑到这种复杂的依存关系,那么在决策时,每家厂商必须假定对手的反应方式,而对手的反应是多种多样、不易捉摸的。在寡头垄断下,对价格与产量问题很难像前三种市场结构一样给出确切而肯定的答案。所以,每个寡头厂商的利润都要受到行业中所有厂商的决策的相互作用的影响。寡头厂商们的行为之间这种相互影响的复杂关系,使得寡头理论更加复杂化。一般来说,不知道竞争对手相互之间的反应方式,就无法建立寡头厂商的模型。或者说,有多少关于竞争对手相互之间反应方式的假定,就有多少寡头厂商的模型,就可以得到多少不同的结果。因此,在西方经济中,还没有一种寡头市场模型,可以对寡头市场的价格和产量决定做出一般的理论总结。

下面将介绍寡头理论中具有代表性的几个模型。

二、古诺模型

古诺模型是早期的寡头模型,它是由法国经济学家古诺于1838年提出的。古诺模型通常被视作寡头理论分析的出发点。古诺模型是一个只有两个寡头厂商的简单模型,该模型也被称为"双寡头模型"。古诺模型的结论可以很容易地推广到三个或三个以上的寡头厂商的情况中去。

古诺模型分析的是两个出售相同产品的生产成本为零的寡头厂商的情况。古诺模型的假定是:市场上只有A、B两个厂商生产和销售相同的产品,他们的生产成本为零;它们共同面临的市场的需求曲线是线性的,A、B两个厂商都准确地了解市场的需求曲线;A、B两个厂商都是在已知对方产量的情况下,各自确定能够给自己带来最大利润的产量,即每一个厂商都是消极地以自己的产量去适应对方已确定的产量。古诺模型的价格和产量的决定可以用图7-5来说明。

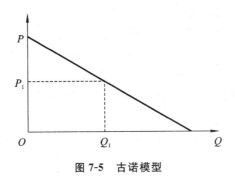

图7-5 古诺模型

A厂商的均衡产量为:$OQ(1/2-1/8-1/32-\cdots\cdots)=1/3\ OQ$

B厂商的均衡产量为:$OQ(1/4+1/16+1/64+\cdots\cdots)=1/3\ OQ$

行业的均衡总产量为:$1/3\ OQ+1/3\ OQ=2/3\ OQ$

以上的古诺双寡头模型的结论可以进一步推广。令寡头厂商的数量为 m,则可以得出一般的结论如下:

$$每个寡头厂商的均衡产量 = 市场总容量 \times \frac{1}{m+1}$$

$$行业的均衡总产量 = 市场总容量 \times \frac{m}{m+1}$$

三、斯塔克尔伯格模型

斯塔克尔伯格模型是由德国学者斯塔克尔伯格于1934年提出的。该模型是一个价格领导模型,将寡头厂商的角色定位为"领导者"或"追随者",由此便构成了斯塔克尔伯格关于寡头市场的"领导者-追随者"模型。"领导者"厂商通常为实力相对雄厚且处于支配地位的领导者(如低生产成本的厂商)。产量的决定依据以下次序:"领导者"厂商决定一个产量,然后"追随者"厂商可以观察到这个产量,根据"领导者"厂商的产量来决定它自己的产量。需要注意的是,"领导者"厂商在决定自己产量的时候,充分了解"追随者"厂商会如何行动——这意味着"领导者"厂商可以知道"追随者"厂商的反应函数。因此,"领导者"厂商自然会预期到自己决定的产量对"追随者"厂商的影响。正是在考虑到这种影响的情况下,"领导者"厂商所决定的产量将是一个以"追随者"厂商的反应函数为约束的利润最大化产量。在斯塔克尔伯格模型中,"领导者"厂商的决策不再需要自己的反应函数。

总之,在斯塔克尔伯格的"领导者-追随者"模型中,追随型厂商具有反应函数,其反应函数产生于给定领导型厂商产量条件下的追随型厂商利润最大化模型。而领导型厂商没有反应函数,因为领导型厂商具有先动优势和支配地位,它不需要对追随型厂商的行为做出任何的消极适应性反应。并且,在领导型厂商利润最大化模型中一定包含追随型厂商的反应函数,这体现了领导型厂商一定是在了解追随型厂商对自己行为的反应方式的条件下来选择自己利润最大化产量的。

四、斯威齐模型

斯威齐模型也被称为弯折的需求曲线模型。该模型由美国经济学家斯威齐于1939年提出。这一模型用来解释一些寡头市场上的价格刚性现象。

该模型的基本假设条件是：当一个寡头厂商提高价格时，其竞争对手都不会跟着改变自己的价格，因而提价的寡头厂商的销售量大减。但是当一个寡头厂商降低价格时，其竞争对手也会把价格下降到相同的水平，以避免市场份额减少，因而该寡头厂商的销售量的增加是很有限的。

斯威齐模型中，因为厂商的需求曲线是弯折的，所以其边际收益曲线是间断的。只要边际成本曲线的位置变动不超过边际收益曲线的垂直间断范围，寡头厂商的均衡数量和均衡价格不变，因此可以保持价格不变。

西方经济学家认为，斯威齐模型虽然对价格刚性现象提供了一种解释，但是该模型并没有说明价格刚性本身是如何形成的，所以不能真正解释寡头垄断的定价问题，这是该模型的一个缺陷。

【本章小结】

与完全竞争相比，垄断厂商产量很低、价格很高、成本很高、效率很低。多种原因可能导致垄断，如资源独占、专利、政府特许以及自然垄断，其中，自然垄断具有经济学意义。在短期内，垄断厂商可能亏损，也可能获利；但在长期，垄断厂商一般都会获得超额利润，否则这个行业就不存在了。垄断厂商面临的需求曲线是整个行业的需求曲线，垄断厂商没有有规律的供给曲线。不仅垄断厂商，所有不完全竞争市场厂商都没有有规律的供给曲线。价格歧视分为三种：一级价格歧视、二级价格歧视和三级价格歧视。其中，一级价格歧视是有效率的，但垄断厂商剥夺了全部消费者剩余。

垄断竞争市场的效率低于完全竞争市场，但高于垄断市场和寡头市场。垄断竞争市场有这样几个特征：厂商数目较多、产品存在差异、无进入障碍。其中，产品差异是最重要的一个特征，也是最符合实际的一个特征。在短期内，垄断竞争厂商面临的需求曲线是 d 需求曲线，该曲线略微平坦一些，即价格下降会使销售量增加较多。而在长期，厂商面临的需求曲线是 D 需求曲线，即厂商降低价格时其他厂商也会降价，因此该曲线略微陡峭一些。短期内垄断竞争厂商可能获利、可能亏损，长期内利润为零。除价格竞争外，垄断竞争厂商还有其他非价格竞争手段，如产品差异（提高产品质量、服务质量等方面）以及推销活动等。

寡头市场的经济效率远低于完全竞争市场，略高于完全垄断市场。寡头市场最重要的特征是寡头之间相互依存，寡头的决策必须考虑对手的反应。寡头市场没有统一的理论模型。简单地说，寡头理论可以分为合作和不合作两种。前者包括产量竞争（古诺模型和斯塔克尔伯格模型）以及价格竞争（斯威齐模型）。

【思考与练习】

一、重要概念

完全垄断市场　垄断竞争市场　寡头市场　价格歧视

二、单项选择题

1. 在垄断竞争中,( )。
   A. 只有少数几个厂商生产有差异的产品
   B. 有许多厂商生产同质产品
   C. 只有少数几个厂商生产同质产品
   D. 有许多厂商生产有差异的产品

2. 寡头垄断和完全垄断的主要区别是( )。
   A. 企业数目不同　　　　　　　　B. 竞争策略不同
   C. 成本结构不同　　　　　　　　D. 从事开发和研究的力度不同

3. 一个行业有很多厂商,每个厂商销售的产品与其他厂商的产品略有差别,这样的市场结构被称为( )。
   A. 垄断竞争市场　　　　　　　　B. 完全垄断市场
   C. 完全竞争市场　　　　　　　　D. 寡头市场

4. 不是垄断竞争的特征的是( )。
   A. 厂商数目很少　　　　　　　　B. 进入该行业容易
   C. 存在产品差别　　　　　　　　D. 厂商忽略竞争对手的反应

5. 寡头市场的特征是( )。
   A. 厂商数目很多,每个厂商都必须考虑其竞争对手的行为
   B. 厂商数目很多,每个厂商的行为不受其竞争对手行为的影响
   C. 厂商数目很少,每个厂商都必须考虑其竞争对手的行为
   D. 厂商数目很少,每个厂商的行为不受其竞争对手行为的影响

6. 垄断厂商面临的需求曲线是( )。
   A. 向下倾斜的　　　　　　　　　B. 向上倾斜的
   C. 垂直的　　　　　　　　　　　D. 水平的

7. 完全垄断市场中,如果 A 市场的价格高于 B 市场的价格,则( )。
   A. A 市场的需求弹性大于 B 市场的需求弹性
   B. A 市场的需求弹性小于 B 市场的需求弹性
   C. 两个市场的需求弹性相等
   D. 以上都正确

三、判断题

1. 因为寡头之间可以进行勾结,所以它们之间并不存在竞争。( )
2. 垄断竞争市场就是指产品没有差别的市场。( )
3. 在完全垄断市场上,一个市场只有一家企业。( )
4. 只要总收益大于总的可变成本,企业就可以生产。( )

四、思考题

1. 简析市场上形成完全垄断的原因。
2. 分析说明完全垄断厂商的短期均衡与长期均衡。
3. 对比其他市场结构,说明不能建立一般的寡头模型的原因。
4. 什么是价格歧视?举例说明价格歧视的三种类型。

五、计算题

1. 已知某垄断厂商的短期总成本函数为 $STC=0.1Q^3-6Q^2+140Q+3000$,反需求函数为 $P=150-3.25Q$。求:该垄断厂商的短期均衡产量与均衡价格。

2. 已知某垄断厂商的短期总成本函数为 $STC=0.6Q^2+3Q+2$,反需求函数为 $P=8-0.4Q$。

(1) 求该厂商实现利润最大化时的产量、价格、收益和利润;

(2) 求该厂商实现收益最大化时的产量、价格、收益和利润;

(3) 比较(1)和(2)的结果。

第八章 生产要素价格的决定

【学习目标与要求】

通过本章的学习,熟练掌握完全竞争厂商的要素需求原则,深刻把握边际生产率分配论的实质。在学习过程中,注意将本章内容与第六、第七两章的内容联系起来,认真体会厂商的要素需求行为与产品供给行为的一致性。掌握要素供给的原则,熟知劳动、土地、资本三种生产要素的供给曲线及价格决定,了解洛伦兹曲线和基尼系数。在学习方法上,建议将要素需求理论和要素供给理论作为一个整体来把握,结合产品市场的均衡理论来理解和分析要素市场的价格决定。

19世纪,法国经济学家萨伊曾提出了一个"三位一体"的公式。这就是劳动—工资,资本—利息,土地—地租。英国经济学家马歇尔又在此基础上增加了企业家才能—利润,而成为"四位一体"的公式。这个公式概括了西方经济学分配理论的核心,经济学家认为,劳动、资本、土地和企业家才能这四种生产要素共同创造了社会的财富,分配就是把社会的财富分配给这四种生产要素的所有者。劳动得到工资,资本得到利息,土地得到地租,企业家才能得到正常利润,收入分配理论就是要研究各种生产要素所得到的收入到底是如何决定的。

第一节 生产要素的需求与供给

生产要素包括土地、劳动、资本、企业家才能等。作为要素的所有者就可以通过要素的占有量,按照要素的价格得到收入。在生产中,工人提供了劳动,获得了工资;资本家提供了资本,获得了利息;地主提供了土地,获得了地租;企业家提供了企业家才能,获得了正常利润。简言之,各种生产要素都根据自己在生产中所做的贡献而获得相应的报酬。

要素价格确定了,收入分配也就确定了。因此,要素价格理论也就是收入分配理论。收入的多少主要取决于要素的价格,而要素价格的决定,与商品的价格一样,由供求关系决定。那么,要素的价格就由要素市场的供求关系来决定。

一、生产要素的需求

生产要素市场上对各个生产要素的需求不同于产品市场上对于具体产品的需求。在产品市场上,需求来自消费者,供给来自生产者;要素市场的情形正好相反,要素需求来自生产者,而要素供给通常来自普通的消费者。由此可见,在产品市场上,产品需求属于直接需求,而要素市场的需求则属于一种派生需求。生产要素需求具有派生性和联合性的特点。

完全竞争厂商使用要素的原则如下。

厂商为了使利润最大化,在使用生产要素时遵循边际成本等于边际报酬的原则,即边际产品价值等于要素价格的原则。

我们通常把使用生产要素的"边际收益"叫作边际产品价值,并用 VMP 表示。

$$VMP = MP \cdot P$$

它表示在完全竞争条件下,厂商增加使用一单位要素所增加的收益。应特别注意的是,边际产品价值 VMP 与产品的边际收益 MR 是有区别的。产品的边际收益通常是对产量而言的,而边际产品价值是对要素而言的。

由于要素的边际产量 MP 是产量对要素的导数,故它也是要素的函数。根据"边际收益递减规律",该函数曲线是向右下方倾斜,即随着要素使用量的增加,其边际产量将不断下降。更进一步,要素的边际产品价值 VMP 也是要素的函数,并且,由于产品价格 P 为正的常数,边际产品价值曲线显然也与边际产量曲线一样,向右下方倾斜。

使用要素的"边际成本"就是要素价格,即表示完全竞争厂商增加使用一单位生产要素所增加的成本。

因此,完全竞争厂商使用要素的原则是使用要素的"边际成本"和相应的"边际收益"相等。以使用要素为劳动为例,则完全竞争厂商使用要素的原则可以表示为:

$$VMP = W$$

或

$$MP \cdot P = W$$

鉴于 $VMP = P \cdot MP$,而完全竞争厂商面临不变的价格,加之边际收益递减规律的作用,使得 VMP 呈递减趋势,因此要素需求曲线也向右下方倾斜。

二、要素的供给

如前所述,我们从要素使用者即厂商角度利润最大化行为讨论要素需求。与此相似,我们可以把要素供给研究看成是从要素所有者的最大化行为出发来分析其对要素供给量是如何随要素价格的变化而变化的。要素所有者追求的是效用最大化。那么,怎样才能使效用达到最大呢?显然,为获得最大效用必须满足如下条件:作为"要素供给"的资源的边际效用要与作为"保留自用"的资源的边际效用相等。以劳动要素为例,什么是要素供给的效用?消费者把劳动作为生产要素提供给市场本身对消费者来说并无任何效用。消费者之所以提供劳动是为了获得收入,正是这种要素收入具有效用。因此,要素供给的效用是"间接效用"。要素供给通过收入间接与效用相联系。什么是"保留自用"的边际效用呢?例如,消费者拥有的时间资源可以用于劳动,也可以用于闲暇。如果选择自用时间进行闲暇活动,则直接满足了消费者娱乐和健康的需要。

第二节 工资率、地租和利息的决定

案例导入

王妈妈搬家了。房子是儿子给买的,在上好的地段。一起住了二十多年的邻居李妈妈前来送行。看着掩饰不住喜悦的王妈妈,李妈妈非常羡慕。李妈妈的儿子和王妈妈的儿子是高中同学,上学时,两人的成绩不相上下。高中毕业后,为了缓解家里经济紧张的局面,李妈妈让儿子进厂里工作了。后来,儿子因为没有什么技术,在厂里做门卫,每月的收入仅能维持基本生活。李妈妈还常常在小区门口摆个小摊,卖点小商品,为的是能挣点零钱,补贴家用。王妈妈的儿子高中毕业后考上大学,毕业后在一家效益很好的企业工作。后来又读了 MBA,现在在一家公司做总经理,自己有高档的别墅、轿车,听说去年过年光是给王妈妈的零花钱就超过了 1 万元。这不,又买了几十万元的房子给王妈妈。李妈妈想不明白的问题是,过去看着没什么不同的两个孩子,现在的生活怎么会有这么大的差别?

一、工资率的决定

工资是劳动的价格,工资的高低由劳动的需求与供给决定。

1. 劳动的需求

如前所述,在劳动以及其他生产要素的市场上,需求不是来自消费者,而是来自企业,来自生产者。从这个意义上说,对劳动的需求是"派生的需求"或"引致的需求"。

那么,企业对劳动的需求又是由什么决定的呢?这主要取决于劳动的边际生产率。所谓"劳动的边际生产率",是指增加一单位劳动所增加的产量。根据边际报酬递减规律,劳动的边际生产率也随着劳动量的增加而递减,当劳动的边际生产率与工资相等时,就决定了所需要的劳动量。如果工资高于劳动的边际生产率,企业就会减少劳动需求量;如果工资低于劳动的边际生产率,企业就会增加劳动的需求量。这样,劳动需求量和工资反方向变动,即随着工资的下降而增加,随工资的上升而减少。因此,劳动的需求曲线是一条向右下方倾斜的曲线,表明劳动的需求量与工资呈反方向变动,可用图 8-1 来说明。

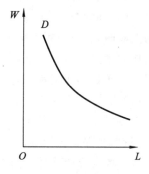

图 8-1 劳动需求曲线

2. 劳动的供给

劳动的供给主要取决于劳动的成本,这种劳动的成本包括两类。一类是实际成本,即维持劳动者及其家庭生活必需的生活资料的费用,以及培养、教育劳动者的费用。另一类是心理成本。劳动是以牺牲闲暇的享受为代价的,劳动会给劳动者心理上带来负效用,补偿劳动者这种心理上的负效用的费用就是劳动的心理成本。劳动的供给有自己的特殊规律。一般来说,当工资增加时劳动会增加,但工资增加到一定程度后如果再继续增加,劳动不但不会增加,反而还会减少。这是因为,工资收入增加到一定程度后,货币的边际效用递减,不足以抵消劳动的负效用,从而劳动就会减少。

和劳动的需求一样,劳动的供给也与工资有关。工资增加引起的替代效应和收入效应决定了劳动的供给。从事劳动,就是放弃闲暇和休息,因此,劳动的供给本身就是闲暇的让渡。替代效应指的是随着工资的提高,每增加一小时的闲暇,劳动者会损失更大,从而劳动者将减少对闲暇的需求,而增加对收入的需求,结果是用更多的劳动代替闲暇。收入效应是指,更高的工资将使劳动者更加富裕,从而增加他们对闲暇的需求,因而较高的工资将导致劳动供给的减少,可用图 8-2 表示。当劳动需求与劳动供给相等时,就决定了均衡的市场工资水平。在图 8-3 中,劳动的需求曲线 D 与劳动的供给曲线 S 相交于 E 点,这就决定了工资水平为 W_1,这一工资水平等于劳动的边际生产力。此时,劳动的需求量与供给量都为 L_1。

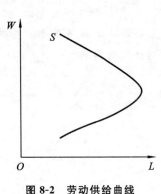 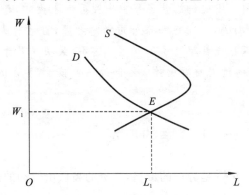

图 8-2　劳动供给曲线　　　　　　　　图 8-3　工资的决定

以上是在完全竞争条件下工资的决定,现实中劳动市场往往并不是完全竞争的。既可能存在着工会对劳动供给的垄断,也可能存在着厂商对劳动需求的垄断。当存在工会对劳动供给的垄断时,工会会竭力提高工资,工资可能高于其边际生产力。当存在厂商对劳动需求的垄断时,企业会竭力压低工资,工资可能低于其边际生产力。而实际的工资是由劳资双方的协商谈判决定的。从西方国家的情况来看,工会在工资的决定中起着重要作用。工会的目的在于提高工资水平,其主要方法有以下三条。

(1) 增加劳动需求。工会增加厂商对劳动需求的方法主要是增加市场对产品的需求,因为劳动需求是由产品需求派生而来的。例如,通过议会或其他活动来增加出口、限制进口,实行贸易保护政策等。

(2) 减少劳动供给。例如,限制非工会会员受雇,迫使政府通过强制退休、禁止使用童工、限制移民、减少工作时间的法律等。

(3) 最低工资法。工会迫使政府通过立法规定最低工资。这样,在劳动的供给大于需求时,也可以使工资维持在一定的水平上。

二、地租的决定

地租是土地这种生产要素的价格。经济学上的土地,泛指一切自然资源,土地的数量既不能增加也不能减少,因而是固定不变的。或者可以说,土地的"自然供给"是固定不变的,它不会随着土地价格的变化而变化。

地租的高低取决于土地的供给与需求,土地的需求取决于土地的边际生产力,土地的边际生产力是递减的,所以土地的需求曲线是一条向右下方倾斜的曲线。但土地的供给是固定的,因为在每个地区,可以利用的土地总有一定的限度。这样,土地的供给曲线就是一条与横轴垂直的线。地租的决定可以用图8-4来说明。

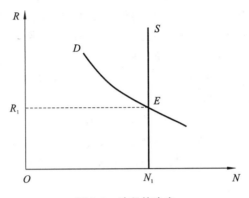

图 8-4 地租的决定

在图8-4中,横轴ON代表土地量,纵轴OR代表地租,垂线S为土地的供给曲线,表示土地的供给量固定为N_1,D为土地的需求曲线,D与S相交于E,决定了地租为R_1。随着经济的发展,社会对土地的需求会增加,但土地的供给是不变的,因此地租的发展趋势往往是上升的,房地产从长期来看会增值正是这个原因。

三、利息的决定

利息被认为是使用资本的价格。对资本提供者来说,它是一种收入;对资本使用者来说,它则是一种成本。资本的价格一般用年利息率来表示,它是由资本的供给和资本的需求两个因素决定的。

1. 资本的供给

资本的供给就是整个社会在各个不同的利率水平下所愿意提供的资本数量。资本的供给依存于人们愿意提供的资本,即取决于人们在既定收入下的消费-储蓄决策。储蓄就是指人们放弃当前的消费。人们一般都偏好当前消费,相比于未来消费,要使人们愿意放弃现在消费而进行储蓄,提供资本,必须为人们牺牲当前消费给予补偿。如果现在和将来的时间差距为一年,那么,将来消费/现在消费$=1+r$,其中r为利息率,利息率就是为了诱使人们进行储蓄以提供可贷资金的一种报酬。利息率越高,人们愿意放弃的当前消费的意愿就越强。因此,资本的供给价格即储蓄就是利息率的增函数。

资本的供给除了取决于人们在既定收入下的消费-储蓄决策外,还与人们对货币的流动性偏好有关。所谓流动性偏好,是指人们出于交易、预防和投机动机,总是希望把个人财富以货币形式持有。如果人们放弃货币流动性偏好所得到的预期收益足以补偿甚至大于放弃货币流动性偏好所带来的各种不方便的损失,货币就会转化为储蓄。从这个角度来说,可贷资金的供给也是利率的增函数。

总之,一般来说,利息率越高,人们的储蓄越多,从而资本的供给量越多,则资本供给与利息率同方向变化。

2. 资本的需求

对可贷资金的需求由两个部分构成。从消费者的角度来说,有些家庭想要消费的比他们当前的收入要多,这或者是因为他们预期将来的收入将增加,或者因为他们要进行一项大的购买(如住房或汽车),而这种购买超出了他们当前的支付能力。这样,他们必须申请贷款,并愿意为获得这笔贷款而支付利息,因为他们把未来的消费提到了当前。当然,利息率越高,把未来消费变成当前消费的成本也就越高,从而他们借钱消费的意愿就会越低。因此,家庭对可贷资金的需求是利息率的减函数。

对可贷资金需求的第二个部分来自厂商或企业。厂商借钱是为了进行资本投资,以期在将来获得回报。借钱必须支付利息成本,如果回报率高于利息率,则厂商愿意借款。由于资本的边际生产率递减,即资本的回报率随着资本投资增加而减少,因此,只有当利息率越来越低时,厂商对可贷资金的需求才会不断增加。利息率是厂商进行资本投资的减函数。

由此可见,无论是消费还是用于投资,对可贷资金的需求都是利息率的减函数。它是向右下方倾斜的。

在资本市场上,利息率取决于对资本的需求与供给,资本的需求主要是企业投资的需求,资本的供给主要是储蓄,这样我们就用投资和储蓄来说明利息的决定。

第三节 洛伦兹曲线与基尼系数

2005年6月,国家统计局城市社会经济调查总队对全国5.4万户城镇居民家庭抽样调查显示,当年一季度收入和消费支出均呈现增长趋缓的态势。一季度人均可支配收入为2 938元,同比增长11.3%,扣除价格因素,实际增长8.6%,增幅较上年同期回落1.2个百分点。人均消费性支出2 020元,同比增长9.9%,实际增长7.2%,增幅回落0.7个百分点,与此同时,数据显示,高低收入组的收入差距有所扩大。最高10%收入组人均可支配收入8 880元,同比增长15.7%。最低10%收入组人均可支配收入755元,同比增长7.6%,高低收入组之比为11.8∶1,比2004年同期(10.9∶1)有所扩大。

中国社科院研究收入分配的专家指出,中国的基尼系数2005年逼近0.47,已经超过了警戒线0.4,收入差距已经处于高水平,形势严峻。

衡量一个社会收入分配平等或不平等的常用工具是洛伦兹曲线和基尼系数。

一、洛伦兹曲线

洛伦兹曲线是用来衡量社会收入分配(或财产分配)平均程度的曲线。

如果我们把社会家庭按其收入由低到高分为5个等级,它们各占总数的20%,每个等级的收入分布情况如表 8-1 所示。

表 8-1 家庭收入分配状况

级　别	占人口的百分比	合　　计	占收入的百分比	合　　计
1	20	20	6	6
2	20	40	12	18
3	20	60	17	35
4	20	80	24	59
5	20	100	41	100

根据表 8-1 资料,可以得出下面的洛伦兹曲线(见图 8-5)。

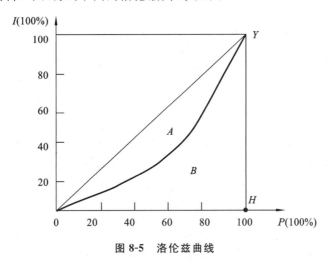

图 8-5　洛伦兹曲线

在图 8-5 中,横轴代表人口(按收入由低到高)的累计百分比,纵轴表示收入的累计百分比。曲线 OY 为该图的洛伦兹曲线。一般来说,洛伦兹曲线的弯曲程度反映了收入分配的不平等程度。弯曲程度越大,收入分配就越不平等,反之则越平等。特别是,如果所有的收入都集中在某一个人手中,而其余人口均一无所获,收入分配达到完全不平等。洛伦兹曲线成为折线 OHY,折线 OHY 表示收入的绝对不平等,叫作绝对不平等线。如果任一人口的百分比均等于其收入的百分比,从而人口累积百分比等于收入累计百分比,则收入分配是完全平等的。此时,洛伦兹曲线成为通过原点的 45°线 OY,45°线 OY 也称为绝对平等线。一般来说,一个国家的收入分配,既不是完全的平等,也不是完全的不平等,而是介于两者之间。相应的洛伦兹曲线,既不是折线 OHY,也不是 45°线 OY,而是像曲线 OY 那样向横轴凸出,尽管凸出的程度在不同的国家会有所不同。收入分配越不平等,洛伦兹曲线就越是向横轴凸出,从而它与完全平等的 45°线之间的面积就越大。

二、基尼系数

根据洛伦兹曲线可以计算出反映收入分配平等程度的指标,这一指标称为基尼系数。如果我们把图 8-5 中实际收入线与绝对平等线之间的面积用 A 来表示,把实际收入线与绝对不平等之间的面积用 B 表示,若设 G 为基尼系数,则计算基尼系数的公式为:

$$G = \frac{A}{A + B}$$

基尼系数不会大于 1,也不会小于 0,即有 $0 \leqslant G \leqslant 1$。

当 $A=0$ 时,基尼系数等于 0,这时收入绝对平均。

当 $B=0$ 时,基尼系数等于 1,这时收入绝对不平均。

实际基尼系数总是大于 0 而小于 1。基尼系数越小,收入分配就越平均;基尼系数越大,收入分配就越不平均。

基尼系数被西方经济学家普遍认为是一种反映收入分配平等程度的方法,也被现代国际组织(如联合国)作为衡量各国收入分配的一个标杆。据经济学家钱纳利等人在 20 世纪 70 年代的计算,对收入分配高度不均的国家来说,基尼系数的数值在 0.5~0.6 之间;对于收入分配相对平等的国家,基尼系数的数值在 0.2~0.35 之间。

无论是采用洛伦兹曲线还是基尼系数,都要注意这一点,即西方国家的实际财产的分配和实际收入的分配之间有所不同。美国、英国等资本主义国家的统计资料表明,这些国家的实际财产的分配收入要比实际收入的分配有放大的不平均程度。这是因为,虽然收入分配与财产分配之间有一定联系,人们拥有的财产不同,收入的状况也会有差异,但是某些人的收入并非来自财产,而是来自劳动,来自经营管理土地,加之由于各人能力不同,即使拥有同等数量财产的人未必会有相同的财产收入。因此,收入分配与财产分配并不一致。还应该注意的是,财产分配不平均是有历史的、制度的原因。私有财产制度和私有财产继承权的存在,使得财产分配的不平均这一社会既成事实不可能很快改变,所以财产分配的不平均程度大于收入分配的不平均程度。

【本章小结】

在创造社会财富的过程中,存在着四种基本的生产要素,即劳动、资本、土地和企业家才能,这四种生产要素分别得到各自的收入。收入分配理论主要就是要研究各种生产要素所得到的收入到底是如何决定的,要素的收入取决于要素的数量与要素的价格。要素的价格则与一般商品的价格一样,也是由市场的供求关系决定的。其中,工资是劳动的价格,利息是资本的价格,地租是土地(服务)的价格,正常利润则是企业家才能的价格,它们分别由各自的需求和供给决定。

洛伦兹曲线和基尼系数用来衡量收入分配的平等程度的标准。基尼系数在 0 和 1 之间取值。基尼系数越大,表明收入的分配越不平等;反之,则表明收入的分配越平等。

【思考与练习】

一、重要概念

派生需求　边际收益产品　边际要素成本　洛伦兹曲线　基尼系数

二、单项选择题

1. 在完全竞争市场上,生产要素的需求曲线向右下方倾斜是由于(　　)。

A. 要素的边际生产力递减

B. 要素生产的产品的边际效用递减

C. 投入越多，产出越大，从而产品的价格就越低

D. 要素生产的规模收益递减

2. 地租不断上升的原因是（　　）。

A. 土地的供给和需求共同增加

B. 土地的供给不断减少，而需求不变

C. 土地的需求不断增加，而供给不变

D. 土地的供给和需求共同减少

3. 收入分配绝对平均时，洛伦兹曲线将（　　）。

A. 与横轴重合　　　　　　　　B. 与45°线重合

C. 与纵轴重合　　　　　　　　D. 是一条U形曲线

4. 生产要素的需求是一种（　　）。

A. 派生需求　　　　　　　　　B. 联合需求

C. 最终产品的需求　　　　　　D. A、B两者

5. 工资率上升所引起的替代效应是指（　　）。

A. 工作同样长的时间可以得到更多的收入

B. 工作较短的时间也可以得到相同的收入

C. 工人宁愿工作更长的时间，用收入带来的效用替代闲暇的效用

D. 以上都对

6. 某一时期，科技进步很快，人们越来越倾向于资本密集型生产方式，这将导致（　　）。

A. 劳动的供给曲线向右移动

B. 劳动的需求曲线向右移动

C. 劳动的供给曲线向左移动

D. 劳动的需求曲线向左移动

7. 正常利润是（　　）。

A. 经济利润的一部分　　　　　B. 经济成本的一部分

C. 隐性成本的一部分　　　　　D. B、C两者

8. 洛伦茨曲线代表了（　　）。

A. 贫困的程度　　　　　　　　B. 税收体制的改革程度

C. 收入不平均的程度　　　　　D. 税收体制的透明度

9. 下述说法中，哪一个更贴切地表明了"派生需求"的含义？（　　）。

A. 当收入增加时，对农产品的需求会增加较少的数量

B. 人造奶油的价格下降将减少对奶油的需求

C. 对皮鞋的需求减少会导致对皮革的需求减少

D. 当照相机的价格上升时，对胶卷的需求会下降

10. 如果某厂商目前的边际收益为8元，产品价格为10元，劳动的边际产品为2个，那么该厂商的边际收益产品等于（　　）。

A. 10　　　　　　　　　　　　B. 8

C. 16　　　　　　　　　　　　D. 20

三、思考题

1. 简述产品市场和生产要素市场需求的区别。
2. 要素使用原则和利润最大化产量原则有何关系？
3. 简述土地和劳动力供给的特点。
4. 为什么劳动供给曲线向后弯曲？
5. 简述基尼系数及其应用。

第九章　一般均衡理论和福利经济学

【学习目标与要求】

通过本章学习，了解局部均衡和一般均衡的基本概念；理解一般均衡的条件；能够掌握交换的帕累托最优条件和生产的帕累托最优条件。在此基础上，理解社会无差异曲线和效用可能性曲线；能够运用社会福利函数与效用可能性曲线找到社会福利最大点。

到目前为止，我们所讨论的全部理论均属于局部均衡分析的范畴。局部均衡分析研究的是单个产品或要素市场，并且认为，市场的需求曲线和供给曲线共同决定了市场的均衡价格和均衡数量。

然而，现实的经济生活中，各个要素市场和产品市场又是相互联系、相互影响的，本章会进一步将局部均衡分析发展为一般均衡分析，即要将所有相互联系的各个市场看成一个整体来加以研究。在一般均衡分析中，每一个商品的需求和供给不仅取决于该商品本身的价格，而且取决于所有其他商品（如替代品和互补品）的价格。当整个经济的价格体系恰好使所有的商品都供求相等时，市场就达到了一般均衡。

本章要着重讨论的问题是：在市场经济体系中，这种一般均衡状态是否存在？如果存在，它又是否具有经济效率？前一个问题是一般均衡的问题，后一个问题是社会福利问题。

第一节　一般均衡与经济学效率

案例导入

我们生活在纷繁复杂的世界中，所有的事物都存在于某个市场，而将它们全部进行研究，会发现它们相互之间存在某种程度的联系。美国气象学家爱德华·罗伦兹（Edward N. Lorenz）于1963年提出了一个非常著名的理论，当一只海鸥扇动翅膀足以永远改变天气的变化。而后，他用非常美丽的蝴蝶代替了这只海鸥，一只生活在南美洲亚马孙河流域的蝴蝶，扇动几下娇小的翅膀，却在两周后给美国得克萨斯州带来了一场龙卷风。其中的机理可以解释为很多事物在表面上看上去毫无关系，可实际却有千丝万缕的联系。蝴蝶扇动了翅膀，引起了周围气流的产生，虽然它是微弱的，却带来了一系列的连锁反应，最终导致了世界另外一个角落的巨大变换。

前面各章节，我们所探讨的是单个产品的供求关系，单个生产要素的供求关系等，它们都属于局部均衡的分析范畴。局部均衡是指单个市场的均衡，它采用将单个市场从相互联系的整个经济体系中"取出"，进行单独研究的方法。在实际社会生活中，生活的各个方面都是相互影响，密不可分的。例如：汽油的供应不足，引起汽车的供应不足；汽车供给跟不上，致使钢铁供给跟不上，进而导致钢铁价格下跌，等等。在现实社会中，我们会发现社会经济的各部门是相互依存、相互制约、相互平衡的。要了解一般均衡，首先要了解前面所讲的局部均衡。一般均衡与局部均衡是相对应的关系。

一、局部均衡与一般均衡

关于汽车的买卖，它的卖家有几家或几十家生产企业，拥有成千上万的消费者。无论它的卖家和买家有多少，它仅仅只是汽车市场，仅仅只是针对汽车这种产品。这是我们要研究的单个产品市场。

经济社会就好比一个大家庭，它的成员非常多，每一个成员它都存在一个均衡，就是我们所说的局部均衡。局部均衡是指假定在其他条件不变的情况下，分析某一个时间的某一个市场上的某一种产品的供给与需求达到均衡时的价格和产量。

前面的章节中，我们遇到过互补品和替代品这两个概念，这让我们初步了解了不同市场之间的相互作用和相互影响。就产品市场而言，假设 A 和 B 两种商品互为替代品，A 和 C 两种商品互为互补品，当 A 产品的价格上升将引起替代品 B 的需求曲线右移，互补品 C 的需求曲线左移，从而使 B 的价格上升和 C 的价格下降。如果深入分析，会发现 B 和 C 的价格变化会继续影响它们的替代品和互补品的价格，而且会发现对 A 的价格也存在一定的影响。此外，要素市场也存在同样的机理，这种机理就属于一般均衡的范畴。一般均衡分析，是指所有的个人、企业和市场如何共同作用，最终达到市场均衡的一种状态。

二、经济效率

之前我们讨论的局部均衡和一般均衡，它们都是属于实证经济学的部分。它从"实证"角度进行说明，首先回答"是什么"的问题，将有关经济现象的数据整理和编辑，用相应的方法将数据进行科学和系统的分类，从中找出一些特征。其次回答"为什么"的问题，分析出现这种经济现象的原因。最后回答"会如何"的问题，预测未来会出现某种经济现象。

除了上述三种回答之外，西方经济学家还在探讨如何回答"应该如何"这一类问题。他们试图将一定的社会价值判断标准融入进去，对经济体系的运行进行评价，然后提出相应的经济对策。这就属于规范经济学的范畴。

接下来，我们所讲的经济效率是福利经济学的一部分，也属于规范经济学的研究范畴。福利经济学研究的内容是在一定的社会价值判断标准下，研究整个经济的资源配置与个体福利之间的关系。例如，产品在不同家庭之间的最优分配，要素在不同厂商之间的最优分配。效率是社会从现有的资源中取得最大消费者满足的过程。这里我们所讲的经济效率，称为帕累托最优状态。帕累托最优状态，是指在某个特定状态下，任何一种改变都不会使至少一个人的状态变好而又不会使任何人的状况变糟。这意味着在一定的条件下，社会在既定的资源和技术约束下，即使是拥有高智慧的计划者，也不能借助于任何工具使竞争市场向前发展，也没有一种组织或人能够使每个人的境况变得更好。

第二节 交换与生产的帕累托最优条件

 案例导入

假设有小李和小王两个人,小李有一个苹果,而小王有一个橘子。他们是否满意现在的状况?这取决于小李和小王对苹果和橘子的喜爱程度。如果小李对苹果的偏好要大于橘子,小王对橘子的偏好要大于苹果,这样已经达到了最满意的结果,也就是"帕累托最优"。如果小李对橘子的偏好要大于苹果,小王对苹果的偏好要大于橘子,小李和小王可以通过交换来增加两人的满意度,这就叫"帕累托改进"。

一、交换的帕累托最优条件

本节开始讨论交换的帕累托最优条件,它属于帕累托最优状态所必须满足的条件。接下来的分析中,我们会讲到交换的帕累托最优条件和生产的帕累托最优条件。

假设有两种产品分别为 X 和 Y,两个消费者 m 和 n。下面我们用埃奇沃斯盒状图(见图9-1)来对这两种产品在两个消费者之间的分配进行分析。

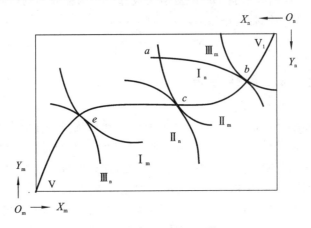

图 9-1 交换的帕累托最优

该长方形的长度表示经济社会中 X 这种产品,宽度表示经济社会中 Y 这种产品。可将整个盒子看作是由两个坐标系构成。O_m 可以看作是消费者 m 的原点,O_n 可以看作是消费者 n 的原点。在盒中标出任意一点,均可确定一个组合的 X 产品和 Y 产品,表示两个消费者分别消费 X 和 Y 的数量。需要特别强调,在每个盒子四周边上的任意一点都属于"极端点"。了解了盒子里面的情况以及盒子边上的情况,我们知道整个社会全部产品的分配都在这个盒子之中,但是哪个是符合帕累托最优状态的组合呢?

首先,我们将消费者偏好加入到盒状图中,即 m 与 n 两个消费者的无差异曲线。以 O_m 为原点出发,由三条向右下方倾斜的无差异曲线,它们分别为 I_m、II_m、III_m,按照无差异曲线的定义,离原点越远,效用水平越高,可知三条无差异曲线由Ⅰ$_m$向Ⅲ$_m$,效用是在不断递增的。以O_n为原点出发,实际可看作是一个倒过来的坐标系,同样有三条无差异曲线,分别为Ⅰ$_n$、Ⅱ$_n$、Ⅲ$_n$,离原点越远,表示效用水平越高。

现在在盒状图中任选一些点,对帕累托最优状态进行分析。首先,选择a点,由于a点同时处于消费者m和消费者n的无差异曲线上,它是两个消费者的两条无差异曲线的交点,假设a点变动到b点,会发现消费者n还在原来的无差异曲线上,消费者的效用水平不变,而消费者m的无差异曲线从原来的Ⅱ$_m$上升到现在的Ⅲ$_m$,意味着消费者m的效用增加。根据帕累托改进定义,如果在既定的资源配置下改变使得至少一个人的状态变好,又不损害其他任何人,我们可以得知b点属于帕累托改进。然后,我们对c点进行分析,发现c点是两条无差异曲线的切点,它分别处在消费者m与消费者n的无差异曲线上,我们将c点移动到a点,会发现消费者m的效用水平不变,因为此时还处在同样的无差异曲线上,而消费者n的效用水平下降了,从原来的Ⅱ$_n$下降到现在的Ⅰ$_n$。根据帕累托最优的定义,某特定状态上,任何一种改变都不会使至少一个人的状态变好而又不会使任何人的状况变糟,可以判断c点是帕累托最优状态。因为从c点变化到任意一点,都不会出现帕累托改进的情况。

通过上述的分析发现,如果产品分配处于两条无差异曲线的切点,则可以判断此时处于帕累托最优状态,不存在任何的帕累托改进。而在图9-1中,任意一点,它处在两消费者的两条无差异曲线的交点上,则存在帕累托改进的余地。

从交换的帕累托最优状态可以得出交换的帕累托最优条件,我们上面得出的结论是只有两条无差异曲线相切才是帕累托最优状态,在切点处,两者在该点上的斜率相等,在前面的章节我们学过,无差异曲线的斜率的绝对值又被称之为两种商品的边际替代率。因此,交换的帕累托最优可以用边际替代率来表示:

$$\text{MRS}_{XY}^m = \text{MRS}_{XY}^n$$

二、生产的帕累托最优条件

本节讨论生产的帕累托最优条件,与交换的帕累托最优条件十分相似。上节讨论的是整个社会在既定的约束条件下有两种产品和两个消费者,他们是如何分配这两种产品的。本节是从生产的方面来对帕累托最优状态进行研究,探讨两种既定数量的生产要素在两个生产者之间分配的问题。如图9-2所示,假定两种生产要素分别为资本K和劳动L,两个生产者分别为i和j。同样,我们可以在埃奇沃斯盒状图中表示出来,盒子的长度用来表示劳动(L)这种生产要素,盒子的宽度用来表示资本(K)这种生产要素。O_i为第一个生产者,它的坐标系从原点O_i出发;O_j为第二个生产者,它的坐标系和我们传统意义上的坐标系不同,它是倒过来的,从原点O_j出发。盒状图中任意一点,都表示对应的消费者i的要素组合点和消费者j的要素组合点。

我们接下来讨论,在什么情况下存在生产的帕累托最优状态? 这时我们要加入一个辅助工具——等产量线,来帮助我们更好地理解这个问题。它是指在技术水平条件不变的情况下,生产同一产量的两种生产要素投入量的所有不同的组合点的轨迹。如图9-2所示,每一个生产者都拥有三条等产量线,离原点越远,产量越高。假设分析两条等产量线的交点g,由于g点同时处于i和j的等产量线上,它是两个生产者的两条等产量线的交点,假设g点变动到h点,会发现生产者j还在原来的等产量线上,即生产者j的产量保持不变,而生产

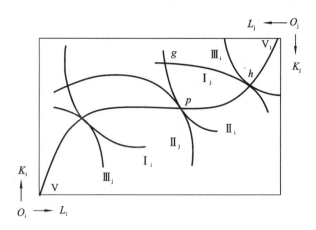

图 9-2　生产的帕累托最优

者 i 的等产量线从原来的 $Ⅱ_i$ 上升到现在的 $Ⅲ_i$，表现为生产者 i 的产量增加。根据帕累托改进的定义，如果在既定的资源配置下，改变会使得至少一个人的状态变好，又不损害其他任何人，可以看到 g 点属于帕累托改进。然后，我们对 p 点进行分析，发现 p 点是两条无差异曲线的切点，它分别处在生产者 i 与生产者 j 的等产量线上，我们将 p 点移动到 g 点，会发现生产者 i 的产量水平不变，因为此时还处在同样的等产量线上，而生产者 j 的效用水平下降了，从原来的 $Ⅱ_j$ 下降到现在的 $Ⅰ_j$。根据帕累托最优的定义，某特定状态上，任何一种改变都不会使至少一个人的状态变好而又不会使任何人的状况变糟，可以判断 p 点是帕累托最优状态。因为从 p 点变化到任意一点，都不会出现帕累托改进的情况。

通过上述的分析发现，如果要素分配处于两条等产量线的切点，则可以判断此时处于帕累托最优状态，不存在任何的帕累托改进。而在图 9-2 中，任意一点，它处在两个生产者的两条等产量的交点上，则存在帕累托改进的余地。

从生产的帕累托最优状态可以得出生产的帕累托最优条件，我们上面得出的结论是只有两条等产量线相切才是帕累托最优状态，当两条等产量线相切时，两者在该点上的斜率相等。在前面的章节我们学过，等产量线的斜率的绝对值又被称之为两种要素的边际技术替代率。因此，生产的帕累托最优可以用边际技术替代率来表示：

$$\mathrm{MRTS}_{LK}^{i} = \mathrm{MRTS}_{LK}^{j}$$

第三节　社会福利函数

一、效用可能性曲线

在完全竞争经济的条件下，存在帕累托最优的状态，其存在需要满足三个条件。如图 9-3 所示，首先，对 e 点进行考察。该点是两条无差异曲线的切点，这两条无差异曲线分别代表了消费者 1 和消费者 2。消费者 1 和消费者 2 的效用水平分别为 U_1^e 和 U_2^e，该点满足三个帕累托最优条件，也可将点 e 看作是"最优"效用水平组合。

由于需要满足全部的帕累托最优条件，所以消费者 1 和消费者 2 的效用水平变化是一

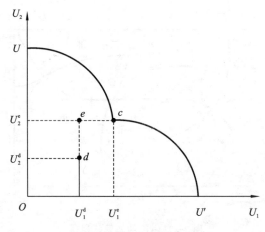

图 9-3　效用可能性曲线

种相反的情况。故它们的关系可以用一条向右下方倾斜的曲线 UU' 来表示。在图 9-3 中，横坐标表示消费者 1 的效用水平，纵坐标表示消费者 2 的效用水平。该曲线表明了给消费者带来最优效用的所有组合点。

效用可能性曲线将区域分为三个部分。c 点所在的区域，也就是 UU' 曲线右上方的区域，表示在既定的约束条件下，所无法达到的效用水平；d 点所在区域，也就是 UU' 曲线左下方的区域，表示在既定的约束条件下，经济没有达到最优效用水平；e 点，它是一个特殊点，表示在既定的约束条件下，经济达到最优效用组合水平。

通过上面描述我们了解到，在 UU' 曲线上的任意一点都可能满足社会福利最大，但究竟是哪个点，我们并不清楚，这就需要我们继续进行研究。

二、社会福利函数

为了进一步了解清楚，社会福利最大存在于哪一点，我们引入了社会福利函数。所谓社会福利函数，是指社会所有人的效用水平的函数。我们假设社会中只存在两个人，社会福利函数为：

$$W = W(U_1, U_2)$$

事实上，社会福利函数存在无数条，假设我们固定一条社会福利曲线，表示社会福利水平在一个特定水平，可以表示为：

$$W_1 = W(U_1, U_2)$$

上式说明，当社会福利水平为 W_1 时，有无数的效用组合点使得社会福利水平一样，通常我们称之为"无差异"。它同消费者的无差异曲线相似，凸向原点并向右下方倾斜，离原点越近表示社会福利水平越高，离原点越远表示社会福利水平越低。

分析了社会福利函数，将上面所说的效用可能性曲线 UU' 同社会福利函数放在同一坐标系中，我们来分析找出最大社会福利点。如图 9-4 所示，存在三条社会无差异曲线分别为 W_1, W_2, W_3。其中，社会无差异曲线 W_1 同效用可能性曲线 UU' 有两个交点，分别为 M、N，社会无差异曲线 W_2 同效用可能性曲线 UU' 只存在一个切点 e，社会无差异曲线 W_3 同效用可能性曲线 UU' 无任何交点。上述情况说明，在社会无差异曲线为 W_1 时，还存在更高的社会福利水平 W_2 能够满足效用可能性曲线 UU'，而当社会无差异曲线为 W_3 时，效用可能性

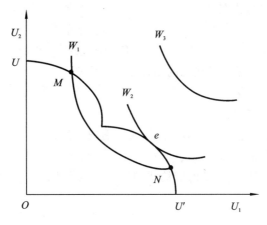

图 9-4 最大社会福利

曲线 UU' 与其没有任何交点,在现有的效用可能性曲线水平下,此时的社会福利水平已经超出了所能达到最高水平。

因此,从上述分析中可知,社会福利最大化点为 e 点。

【本章小结】

本章从一般均衡开始讨论,讲述了一般均衡与局部均衡之间的关系。主要把握一般均衡的概念,它是指将整个大市场看作一个整体,它是由若干个子市场构成,每个子市场的每一种商品的供给与需求不仅取决于商品自身的价格,而且取决于与之相关的其他商品价格。而只有当整个大市场中所有商品的供给与需求相等时,市场才达到一般均衡。

其次,我们还讨论了"是什么","为什么","会如何"规范经济学范畴的问题和"应该如何"实证经济学范畴的问题。

再次,讨论了交换的帕累托最优条件是两个消费者的两种商品的边际替代率相等,生产的帕累托最优条件是两个生产者的两种商品的边际技术替代率相等。

最后,社会福利函数是指在社会的所有个人效用水平加总的函数。社会无差异曲线和效用曲线的切点反映的是最大社会福利的可能点。

【思考与练习】

一、重要概念

一般均衡　经济效率　交换的帕累托最优　生产的帕累托最优　社会福利函数　效用可能性曲线

二、单项选择题

1. 一般均衡理论试图说明的问题是(　　)。
A. 劳动市场的均衡
B. 所有产品市场和要素市场的均衡
C. 单个产品或单个要素市场的均衡
D. 产品市场和货币市场的均衡

2. 如果产品在消费者之间的分配达到这种程度:任何重新分配,都会至少降低一个消费者的满足水平,则达到的状态是( )。

A. 效率不高的分配　　　　　　　B. 不公平的分配

C. 帕累托最优　　　　　　　　　D. 比较公平的分配

3. 在交换上符合帕累托最优状态的条件是( )。

A. 边际收益等于边际成本

B. 边际收益等于要素边际成本

C. 任何两种商品间的边际替代率对任何两个消费者都相等

D. 边际收益等于商品价格

4. 在埃奇沃斯盒状图上,交换的契约线的任意一点都表示( )。

A. 负收益

B. 正收益

C. 交换的帕累托最优条件得到满足

D. 交换双方等价交换

5. 福利经济学认为,( )。

A. 竞争性市场均衡都是有效率的

B. 完全竞争市场的一般均衡是帕累托最优的

C. 如果个人偏好是凸的,则每一个帕累托有效配置都是一个竞争性均衡

D. 以上说法都对

三、思考题

1. 什么是局部均衡和一般均衡?
2. 简述一般均衡的含义和实现的两个重要前提。
3. 帕累托最优的含义是什么?
4. 什么是实证经济学?什么是规范经济学?
5. 简述交换的帕累托最优条件。
6. 简述社会福利函数的含义。

第十章 市场失灵与微观经济政策

【学习目标与要求】

通过本章的学习,了解市场失灵的含义以及引起市场失灵的主要原因;掌握造成市场失灵的垄断、外部性、公共物品和不对称信息及其相应的对策,能够运用所学的知识对简单的市场失灵问题进行分析;能够运用宏观经济政策解决实际问题。

前面各章的主要内容在于论证所谓看不见的手的原理,即完全竞争市场经济在一系列理想化假定条件下,可使整个经济达到一般均衡,使资源配置达到帕累托最优状态。但是,这个原理并不真正适用于现实的经济。由于完全竞争市场以及其他一系列理想化假定条件并不是现实经济的真实写照,因此,西方学者认为,在现实的经济中,看不见的手的原理一般来说并不成立,帕累托最优状态通常不能得到实现。换句话说,现实的市场机制在很多场合不能使资源得到有效配置。这种情况被称为"市场失灵"。本章将分别论述市场失灵的几种情况,即垄断、外部性、公共物品、不完全信息以及相应的微观经济政策。

第一节 垄 断

案例导入

拨号等待、电话信箱、自动重拨、语音转送和三路传呼等早已广为人知,给人们带来极大的方便。电话卡同信用卡一样广泛进入日常生活。传真设备也成为办公室必备之一。1984年1月,美国政府决定开放电话市场,公众的普遍反应是并不乐意甚至抱怨不断,指责政府非要将国民生活中少得可怜的几种有用之物(这次轮到电话)搞垮而后快。在分割改革之前,是包括 AT&T、MCI、Sprint 在内多家公司竞争的局面。从公众的反应来看,普遍认为现代通信就此终止。人们投诉在打长途电话时,必须先找一个长途代号,然后再拨所要的电话号码;投诉需要面临两份不同的电话收费单,一份是本地电话单,一份是长途电话单;抱怨电话服务质量下降。然而,实践证明了电话市场的分割具有积极的作用,现在是对政府的决策给予公正评价的时候了。在这一政策出台后的 5 年中,租用电话的费用下降了 50%。随着时间的推移,技术进步也会将传真机这样的新设备普及到人民生活中,这一政策虽然带来了竞争压力,但也极大地推动了这一进程。

至于价格问题则稍微复杂一点。长途电话费用在这五年间下降了近40%。同期的短途电话费却明显上涨,几乎全部抵消了前者带给消费者的利益,但是这种结果并未超出经济学家的预期。在市场开放以前,AT&T控制着全国的电话服务,通过收取较高的长途电话费来补贴短途电话用户,从而减少短途收费。市场完全开放后,长短途电话分为两个市场,各公司只能参与其中一个市场的竞争,这样,短途电话就失去了长途电话费用的补贴,短途电话费上升了不少。但是,总的电话费用(包含长短途电话)已开始逐步降低,开放政策将有助于保持这一势头,促进话费进一步下降。显然,电话市场开放的积极作用是明显的,目前其主要利好由常使用长途电话和新增服务的用户享有,而普通家庭得到的较少,但最重要的是大家都没有因为电话市场的分割而受到损失。

  市场机制的效率来源于它的竞争性。如果市场不是竞争性的,而是被一个企业所垄断,则这个市场就不再是有效率的了。从理论上讲,垄断的定义有狭义和广义之分。狭义的垄断,是指一个行业只存在唯一卖者的市场。广义的垄断,是指一个或几个企业控制一个行业的大部分或全部供给的情况,它包括垄断市场、垄断竞争市场和寡头市场。垄断市场中存在着垄断力,与垄断力相联系的是行业进入壁垒,它排斥其他的企业进入行业市场。根据这个标准,我们常常也把现在的一些如电力、电信、铁路、供水等行业叫作垄断行业。

一、垄断的危害

  垄断为什么不好呢?当然,一个原因就是它不公平。一方面,垄断限制了其他人的进入,这造成了机会的不公平;另一方面,垄断者可能通过制定较高的垄断价格获取垄断利润,这是收入的不平衡。

  另外,垄断之所以不好,还在于它会造成低效率。首先,存在垄断利润本身就意味着低效率,因为有垄断利润存在,说明在这个行业里,资源配置得太少,产量太低,很多人想进入这个行业进行生产,可是由于垄断而进不来。如果取消垄断,则会有更多的人参与竞争,价格就会下降,垄断利润就会消失。由于垄断利润的存在,也造成垄断企业的不思进取。由于没有竞争,垄断企业就无须再在提高产品质量和服务质量上下更多的工夫,也无须再在提高技术水平上下更多的工夫,反正市场都是它占据着的。

  最后,也是最重要的一点,由于有了垄断地位就可以得到垄断利润,所以许多人就会千方百计地去想各种办法来获取这种垄断地位,尤其在政府垄断的领域更是如此。因为这个垄断地位给予谁是由政府有关部门官员决定,所以就会有很多人去向这些政府有关部门官员行贿等,这种为获得和维持垄断地位而付出的代价是一种纯粹的浪费,是社会的净损失。它不是用于生产,也没有创造出任何有益的产出,完全是一种"非生产性寻利活动"。这种非生产性的寻利活动被概括为所谓的"寻租"。寻租的字面意思是"寻找租金",其实就是追求垄断利润,是为获得和维持垄断地位,从而得到垄断利润(亦即垄断租金)的活动。

  寻租活动的经济损失到底有多大呢?就单个的寻租者来说,他愿意花费在寻租活动上的代价不会超过垄断地位可能给他带来的好处,否则就不值得了。因此,寻租代价要小于或等于垄断利润,寻租代价的具体大小取决于争夺垄断地位的寻租市场的竞争程度。一般来说,寻租市场的竞争越是激烈,寻租代价就越大,就越是接近于垄断利润。在一个充分竞争的寻租市场上,寻租代价可以等于全部的垄断利润。如果进一步来考虑整个寻租市场,问题就更加严重。在寻租市场上,寻租者往往不止一个。单个寻租者的寻租代价就只有整个寻租活动的经济损失的一部分。整个寻租活动的全部经济损失等于所有单个寻租者寻租活动的代价的总和。而且,这个总和还将随着寻租市场竞争程度的不断加强而不断增大。

二、对垄断的限制

由于垄断缺乏公平又没有效率,所以政府常常要采取一些办法来限制垄断。例如,政府可以对垄断企业的价格进行管制,不允许它们随意提高价格。比如,一方面,政府为了提高效率,就可以把垄断企业的价格限定在恰好等于其边际成本的水平上。另一方面,政府为了促进公平,也可以把垄断企业的价格限定在等于其平均成本的水平上。不过,这里需要注意的是,政府的这两个目标往往是相互矛盾的。在根据效率目标制定的等于边际成本的价格上,垄断企业有时可能盈利,有时则可能发生亏损;而根据公平目标制定的等于平均成本的价格,则往往又不等于边际成本,从而又缺乏效率。这就需要政府在限定垄断企业的价格时,仔细斟酌,权衡利弊。

政府限制垄断的更加严厉的措施则是制定"反垄断法"。例如,美国早在1890年就通过了《反垄断法》,给予政府各种促进竞争的办法。首先,对于那些严重阻碍竞争的大垄断公司,政府可以把它分解为若干个小公司,让它们相互竞争,以提高效率。其次,对于那些可能会严重阻碍竞争的大公司之间的合并,政府可以加以阻止。例如,美国的《塞勒凯弗维尔法》禁止一切形式的兼并,包括横向兼并、纵向兼并和混合兼并。这类被禁止的兼并主要是指大公司之间的兼并和大公司对小公司的兼并,而不包括小公司之间的兼并。最后,政府禁止企业之间进行以垄断市场为目的的勾结。如果有这种勾结,严重的将被判刑。例如,美国最早的《谢尔曼法》就规定,任何人同其他个人或多人共谋垄断州际或国际的一部分商业和贸易的,均应认为是违法犯罪并要受到罚款或判刑。

第二节 外部影响

案例导入

20世纪初的一天,列车在绿草如茵的英格兰大地上奔驰。车上坐着英国经济学家A.C.庇古。他边欣赏风光,边对同伴说列车在田间经过,机车喷出的火花(当时是蒸汽机车)飞到麦穗上,给农民造成了损失,但铁路公司却不用赔偿损失。史德拉和艾智仁1971年在乘坐日本的高速列车(这时已是电气机车)时想起了庇古当年的感慨,就问列车员,铁路附近的农田是否受到列车的损害而减产。列车员说,恰恰相反,飞速驰过的列车把吃稻谷的飞鸟吓走了,农民反而受益。当然,铁路公司也不能向农民收"赶鸟费"。同样一个事情在不同的时期与地点,结果不同。两代经济学家的感慨也不同。但从经济学的角度来看,火车通过农田无论结果如何,其实说明了同一件事,即市场经济中外部性与市场失灵的关系。

一、外部影响及其分类

除了垄断之外,造成市场机制低效率的另一个重要原因是"外部性"或"外部影响"。所谓"外部影响",是指某个人的一项活动给其他人的福利造成了好的或坏的影响,但却没有得到相应的报酬或者受到相应的惩罚。市场机制要有效率,还需具备一个条件——一个人的行为不会对别人的福利产生影响,也就是不存在所谓的"外部影响"。换句话说,单个经济单位从其经济活动中产生的私人成本和私人利益就等于该行为造成的社会成本和社会利益。但是,在很多情况下,这个条件并不成立。当这个条件被违反的时候,市场经济这只"看不见的手"就出现了问题。

有时候,某个人(生产者或消费者)的一项经济活动会给社会上的其他成员带来好处,但他自己却不能由此得到补偿。此时,这个人从其经济活动中得到的私人利益就小于该活动所带来的社会利益。这种性质的外部影响被称为"外部经济"。根据经济活动的主体是生产者还是消费者,外部经济可以分为"生产的外部经济"和"消费的外部经济"。有时候,某个人(生产者或消费者)的一项经济活动会给社会上的其他成员带来危害,但他自己并不为此而支付足够抵偿这种危害的成本,此时,这个人为其活动付出的私人成本就小于该活动所造成的社会成本,这种性质的外部影响被称为"外部不经济"。外部不经济也可以根据经济活动主体的不同而分为"生产的外部经济"和"消费的外部经济"。具体说明如下。

1. 生产的外部经济

当一个生产者采取的行动对他人产生了有利的影响,而自己不能从中得到报酬时,便产生了生产的外部经济。生产的外部经济的例子有很多。例如,一个企业对其所雇佣的工人进行培训,而这些工人可能转到其他单位去工作。该企业并不能从其他单位索回培训费或得到其他形式的报酬。因此,该企业从培训工人中得到的私人利益就小于该活动的社会利益。

2. 消费的外部经济

当一个消费者采取的行动对他人产生了有利的影响,而自己不能从中得到报酬时,便产生了消费的外部经济。例如,一个人对自己的孩子进行教育,把他们培养成更值得信赖的公民,这显然使邻居甚至整个社会都得到好处。

3. 生产的外部不经济

当一个生产者采取的行动对他人产生了不利的影响,而又没有给予他人相应的补偿时,便产生了生产的外部不经济。生产的外部不经济的例子也有很多。例如,一个企业可能因为排放脏水而污染了河流,或者因为排放烟尘而污染了空气,这种行为使居住在附近的人们和整个社会都蒙受了损失。再如,生产的扩大可能造成交通的拥挤和对风景的破坏,等等。

4. 消费的外部不经济

当一个消费者采取的行动对他人产生了不利的影响,而又没有给予他人以相应的补偿时,便产生了消费的外部不经济。和生产者造成的污染的情况类似,消费者也可能造成污染而损害他人。吸烟就是一个明显的例子,吸烟者的行为危害了被动吸烟者的身体健康,但并没有为此进行任何补偿。此外,还有公共场所随意丢弃果皮等。

上述各种外部影响可以说是无处不在,无所不有。尽管每一个单个的生产者或者消费者,他所造成的外部经济或者不经济对整个社会来说也许是微不足道的,但是,所有这些生产者和消费者加起来,所造成的外部经济或者不经济的总效果将是十分巨大的。例如,由于生产扩大而引起的污染问题现在已经严重到了危及人类自身的生存环境的地步。

二、外部影响和市场失灵

各种形式的外部影响的存在造成了一个严重的后果,那就是完全竞争条件下的资源配置将偏离帕累托最优状态。换句话说,即使假定整个经济仍然是完全竞争的,但由于存在着外部影响,整个经济的资源配置也不可能达到有效率的最优状态。"看不见的手"在外部影响面前失去了作用。

为什么外部影响会导致资源配置失当?原因非常简单。我们先来看外部经济的情况。由于存在着外部经济,故私人的利益就小于社会的利益。在这种情况下,如果一个人采取某项行动的私人成本大于私人利益而小于社会利益,则这个人显然不会采取这项行动,尽管从社会的角度来看,采取该项行动是有利的。此时就没有实现帕累托的最优状态,一般而言,在存在外部经济的情况下,私人活动的水平常常要低于社会所要求的最优水平。

再来看外部不经济的情况。由于存在着外部不经济,故私人的成本就小于社会的成本。在这种情况下,如果一个人采取某项行动的私人利益大于其私人成本而小于社会成本,则这个人显然就会采取这项行动,尽管从社会的角度来看,采取这项行动是不利的。此时也没有实现帕累托最优状态。一般而言,在存在外部不经济的情况下,私人活动的水平常常要高于社会所要求的最优水平。

三、有关外部影响的对策

如何来纠正由于外部影响而造成的资源配置不当呢?解决这个问题有如下几个办法。

1. 使用税收和补贴

对造成外部不经济的企业,国家可以征税,其税收数量应该等于该企业给社会其他成员造成的损失,从而使该企业的私人成本恰好等于社会成本。例如,在生产污染的情况下,政府对污染者征税,税额等于治理污染所需要的费用。这样,企业就会在进行生产决策时把污染的成本也考虑进来。反之,对造成外部经济的企业,国家则可以采取补贴的办法,使企业的私人利益与社会利益相等。无论是何种情况,只要政府采取措施使得私人成本和私人利益与相应的社会成本和社会利益相等,则资源的配置便可以达到最优。

2. 使用企业合并的方法

例如,一个企业的生产影响到另一个企业,如果这种影响是正的(外部经济),则第一个企业的生产就会低于社会最优水平。反之,如果这种影响是负的(外部不经济),则第一个企业的生产就会超过社会最优水平。但是,如果把这两个企业合并为一个企业,此时的外部影响就"消失"了,即被"内部化"了。合并后的单个企业为了自己的利益将使自己的生产确定在其边际成本等于边际收益的水平上。由于此时不存在外部影响,故合并企业的成本和收益就等于社会的成本和收益,于是资源配置达到了最优。

3. 使用规定财产权的方法

在许多情况下,外部影响的存在之所以导致资源配置失当,是因为财产权不明确。所谓"财产权",是指通过法律界定和维护人们对财产的权力。它描述了个人或企业使用其财产的方式。例如,当某个人拥有对某块土地的财产权时,他也许就可以在这块土地上建造房屋,或者干脆出售它,而其他人则不得对他的行动进行干预。如果这种财产权是完全确定的,并得到充分的保障,外部影响就可能不会发生。例如,某条河流的上游被污染并使下游用水者受到了损害。如果给予下游用水者以使用一定质量水源的财产权,则上游的污染者将因把下游水质降到特定质量之下而受罚。在这种情况下,上游污染者就会同下游用水者协商,将这种权利从他们那里买过来,然后再让河流受到一定程度的污染。同时,遭到损害的下游用水者也会使用他出售财产权而得到的收入来治理河水。总之,由于污染者为其不好的外部影响支付了代价,故其私人成本与社会成本之间不存在差别。

四、科斯定理

上述处理外部影响的最后一种办法,即明确财产所有权的政策,可以看成是更加一般化的所谓的"科斯定理"的特例。关于科斯定理,科斯本人并没有一个明确的说法。其他一些经济学家则给出了一些不同的表达方式。虽然这些表达方式大体上是相同的,但仍然存在着细微的差别。下面是一种比较流行的说法。财产权是明确的,并且其交易成本为零或者很小,只有这样,无论在开始时将财产赋予谁,市场均衡的最终结果就都是有效率的。这里所说的交易成本,包括两个方面:一是事前为达成一个合同而发生的成本;二是事后为保证该合同而发生的成本。具体来说,包括如下几项:①市场调查的成本。例如,为了了解关于商品和劳务的质量和价格、寻找潜在的买者和卖者、获得与他们的行为有关的信息等而花费的成本。②讨价还价的成本。这是在确定买者或卖者的真实要价的过程中发生的成本。③拟定合同的成本,包括起草、讨论、确定交易合同的成本。④监督合同的成本。⑤落实合同的成本。⑥防止第三者侵入的成本。当然,科斯定理的结论只有在交易成本为零或者很小的情况下才能得到。

特别需要指出的是,运用科斯定理解决外部影响问题在实际中可能并不一定真的有效,这是因为有以下几个难题。第一,资产的财产权是否总是能够明确地加以规定?有的资源,例如空气,在历史上就是大家都可以使用的共同财产,很难将其财产权具体地分派给谁;有的资源的财产权即使在原则上可以确定,但由于不公平问题、法律程序的成本问题等也变得实际上是不可行的。第二,已经明确的财产权是否总是能够转让?如果信息不充分、谈判的人数太多、交易成本太大,买卖双方就可能在转让的问题上达不成一致的意见。第三,明确的财产权的转让是否总能实现资源的最优配置?在转让之后,完全有可能得到这样的结果,它与原来的状态相比有所改善,但仍然不是最优的。此外,还应该指出,分配产权会影响收入的分配,而收入分配的变动可能造成社会不公平,引起社会动乱。在社会动乱的情况下,就谈不上解决外部影响的问题了。

第三节　公 共 物 品

据《京华时报》报道,2003年7月14日,因为院内水管漏水,家住北京市东城区东四八条

37号院的朱大爷在没有征得邻居同意的情况下,自行请人对院内14户居民的自来水管线进行检测,并交纳了检测费100元。为了讨回每户应分摊的7.14元检测费,朱大爷费尽口舌没有结果,之后状告到法院。东城区人民法院审理后,从法理上认定邻居完全有理由拒绝朱大爷分摊检测费的要求。朱大爷在没有得到他人授权的情况下"擅作主张",从而导致追索检测费败诉,在法理上是毫无疑问的,但这仅仅触及事件的表层。从更深一层意义上讲,朱大爷的败诉是由公共物品自身的性质决定的。

一、私人物品和公共物品

市场机制主要适用于私人物品,如吃的水果、穿的衣服以及火车上的座位等。私人物品是那种可得数量将随任何人对其消费的增加而减少的物品。它在消费上具有两个特点。一是竞争性。如果某人已消费了某种商品,则其他人就不能再消费这种商品了。二是排他性。只有购买了商品的人才能消费该商品。实际上,市场机制只有在具备上述两个特点的私人物品的场合才真正起作用,才有效率。在经济中,还存在许许多多不满足竞争性或排他性特点的商品。如果一种物品不具有排他性,即无法排除一些人"不支付便使用",则它毫无疑问会带来外部影响,并造成市场机制的失灵。"国防"和"海鱼"是缺乏排他性的两个生动例子。一个公民即使拒绝为国防付费,也可以享受国防的好处;同样,我们也很难阻止渔民自由地在公海上捕捞海鱼。"国防"和"海鱼"的区别在于"竞争性"方面。一方面,容易看到,国防除了不具有排他性之外,同时也不具有竞争性。例如,新生人口一样享受国防提供的安全服务,但原有人口对国防的"消费"水平不会因此而降低。从某种程度上讲,道路和电视广播等也与国防一样既不具有排他性也不具有竞争性。在达到一定点之前,道路上多一辆汽车不会妨碍原有汽车的行驶;某个人打开电视广播同样不会影响其他人收看收听。另一方面,海鱼毫无疑问是具有"竞争性"的:当某个人捕捞到一定量海鱼时,其他人所可能捕捞到的海鱼数量就减少了。

通常把国防这样一类既不具有排他性也不具有竞争性的物品叫作公共物品,而把海鱼这样一类不具有排他性但却具有竞争性的物品叫作公共资源。公共物品和公共资源可以看成是外部影响造成市场机制失灵的两个特殊例子。这里主要讨论公共物品。

二、公共物品与市场失灵

在公共物品的领域,市场之所以失灵,是因为很难得到对公共物品的需求的信息。首先,单个消费者通常并不很清楚自己对公共物品的偏好程度;其次,即使单个消费者了解自己对公共物品的偏好程度,他们也不会如实说出来,为了少支付价格或不支付价格,消费者会低报或隐瞒自己对公共物品的偏好。他们在享用公共物品时都想当免费乘车者,即不支付成本就得到利益。由于单个消费者对公共物品的偏好不会自动显示出来,故我们无法推断出对公共物品的需求,也无法确定公共物品的最优数量。

实际上,尽管我们难以通过公共物品的供求分析来确定它的最优数量,但却可以有把握地说,市场本身提供的公共物品通常将低于最优数量,即市场机制分配给公共物品生产的资源常常不足。我们知道,在竞争的市场中,如果是私人物品,则市场均衡时的资源配置是最优的。生产者之间的竞争将保证消费者面对的是与商品的边际成本相同的价格,消费者则在既定的商品产出量上展开竞争。某个消费者消费一单位商品的机会成本就是在市场价格上卖给其他消费者同样一单位的商品,故没有哪个消费者会得到低于市场价格而买到商品的好处。但是,如果是公共物品,即使它是可排他的,情况也将完全不同。任何一个消费者消费一单位商品的机会成本总为零。这意味着,没有任何消费者要为它所消费的公共物品去与其他任何人竞争。因此,市场不再是竞争的。如果消费者认识到他自己消费的机会成本为零,他就会尽量少支付给生产者以换取消费公共物品的权利。如果所有消费者均这样行事,则消费者支付的数量就将不足以弥补公共物品的生产成本。结果便是低于最优数量的产出,甚至是零产出。

三、公共物品和社会项目评估

公共物品的生产和消费问题不能由市场上的个人决策来解决。因此,必须由政府承担起提供公共物品的职责。政府如何确定某公共物品是否值得生产以及应该生产多少呢？在这里,常用的一个重要方法是社会项目评估,它是用来评估经济项目或非经济项目的。社会项目评估首先估计一个项目所需花费的成本以及它可能带来的收益,然后把两者加以比较,最后根据比较的结果决定该项目是否值得。公共物品也可以看成是两个项目,并运用社会项目评估分析方法来加以讨论。如果评估的结果是该公共物品的收益大于或至少等于其成本,那么它就值得生产,否则便不值得生产。

第四节 不完全信息

如果保险公司和投保客户双方的信息充分的,则根据大数法则制定的保险费率足以保证保险市场的有效运转。问题是保险公司对客户的信息不可能充分掌握。拿健康医疗保险来说,哪些人身体好,哪些人身体差,保险公司无法充分了解,结果是身体差的人投保最多。事后保险公司了解到实际发病率和死亡率大大高于预期的发病率和死亡率,这便使保险公司按最坏情况的估计来制定保险费率。这样会使费率上升,而费率上升会使身体好的人不愿参加保险。

一、信息的不完全性

、市场机制这只"看不见的手"要起作用,还需要一个条件,即市场的供求双方对于所交换的商品都具有充分的信息。例如,消费者充分地了解在什么地方、什么时候存在何种质量的以何种价格出售的商品;生产者充分地了解在什么地方、什么时候存在有何种质量的以何种价格出售的投入要素,等等。

显而易见,上述关于完全信息的条件在现实中并不一定存在。在现实的经济中,信息常常是不完全的,甚至是很不完全的。所谓"信息的不完全",不仅是指那种绝对意义上的不完全,即由于认识能力的限制,人们不可能知道在任何时候、任何地方发生的或将要发生的任何情况,而且也是指相对意义上的不完全,即市场经济本身不能够生产出足够的信息并有效地配置它们。这是因为,作为一种有价值的资源,信息不同于普通商品,人们在购买普通商品时,先要了解它的具体情况,看值不值得买。但是,购买信息商品却无法做到这一点,人们之所以愿意出钱购买信息,是因为还不知道它,一旦知道了它,就没有人会愿意再去购买它。这里出现了一个困难的问题:卖者让不让买者在购买之前就充分地了解所出售的信息的价值呢? 如果不让,则买者可能因为不知道究竟值不值得买而不去购买它;如果让,则买者又可能因为已经知道了该信息也不去购买它。在这种情况下,要能够做成"生意",只能靠买卖双方并不十分可靠的相互信任,卖者让买者充分了解信息的用处,而买者则答应在了解信息的用处之后再购买它。显而易见,市场的作用在这里受到了很大的限制。

进一步分析还会发现,不同的经济主体缺乏信息的程度往往也是不一样的。市场经济的一个重要特点是,商品的卖方一般要比商品的买方对商品的质量有更多的了解。例如,出售二手车的卖主要比买主更加了解自己汽车的缺陷;出售"风险"的投保人要比保险公司更加了解自己所面临风险的大小;出售劳动的工人要比雇主更加了解自己劳动技能的高低。上述种种情况都是所谓"信息不对称"的具体表现,即有些人比其他人拥有更多的相关信息。

在信息不完全和不对称的情况下,市场机制有时就不能很好地起作用。例如,由于缺乏足够的信息,生产者的生产可能会带有一定的"盲目性":有些产品生产过多,而另一些产品生产过少;消费者的消费选择也可能会出现"失误",比如购买了一些有损健康的"坏"商品,而错过了一些有益健康的"好"商品。更坏的情况是,由于缺乏足够的信息,有些重要的市场甚至可能根本就无法产生。或者即使产生,也难以得到充分的发展。

二、信息调控

信息的不完全会带来许多问题。市场机制本身可以解决其中的一部分。例如,为了利润最大化,生产者必须根据消费者的偏好进行生产,否则,生产出来的商品有可能卖不出去。生产者显然很难知道每个消费者的偏好的具体情况。不过,在市场经济中,这一类信息的不充分并不会影响他们的正确决策,因为他们知道商品的价格。只要知道了商品的价格,就可以由此计算生产该商品的边际收益,从而就能够确定它们的利润最大化。

但是,市场的价格机制并不能够解决或者至少是不能够有效地解决所有不充分信息的问题。在这种情况下,就需要政府在信息方面进行调控。信息调控的目的主要是保证消费者和生产者能够得到充分的和正确的市场信息,以便他们能够做出正确的选择。例如,就"保护"消费者方面来说,常见的政府措施包括这样一些规定发行新股票或新债券的公司必须公布公司的有关情况,产品广告上不得有不合乎实际的夸大之词,某些产品必须有详细的使用说明书,香烟上必须标明"吸烟有害健康"的字样等。

【本章小结】

一般来说,市场机制本身只能保证资源配置的边际私人收益和边际私人成本相等,而无法保证边际社会收益和边际社会成本相等。当边际社会收益和边际社会成本不相等的时候,对整个社会而言,资源的配置就没有达到最有效率的状态,这就是市场失灵。

市场失灵是由很多原因造成的。其中,最重要的就是市场的不完全性。市场的不完全性包括很多方面,如产权的不完全、转让的不完全、信息的不完全、竞争的不完全和调节的不完全等。

垄断是市场失灵的一个重要表现。垄断可以带来垄断超额利润。垄断超额利润的存在,说明在该行业中,资源配置太少,生产的产量也太少。垄断超额利润的存在,还造成企业不思进取。最后,也是最重要的,为了追求和维护垄断地位而花费的代价,是一种纯粹的浪费,是社会的净损失。这种非生产性的寻利活动被概括为所谓的"寻租"。政府对付垄断的办法包括限制垄断价格和实施反垄断法等。

造成市场机制低效率的另外一个重要原因是"外部影响"。外部影响有"好"的,即外部经济,也有"坏"的,即外部不经济。从社会的角度来看,私人活动的水平在存在外部经济时往往"太低",而在存在外部不经济时,又往往"过高"。解决外部影响有三个办法:一是使用税收和补贴;二是企业合并;三是明确财产权。最后这种办法的根据是"科斯定理",只要财产权是明确的,并且交易成本很小,则无论把财产权赋予谁,市场总是有效率的。

市场机制主要是在私人物品的场合起作用,而不适用于公共物品。公共物品是不具有消费上的竞争性的物品。由于在公共物品场合存在着免费乘车之类的现象,市场机制提供的产品数量往往太少,因此,政府有必要承担起提供公共物品的责任。

在现实的经济生活中,信息常常是不充分的。在信息不充分的条件下,市场机制的作用受到了很大的限制。此时,需要政府在信息方面进行调控,以保证消费者和生产者能够得到充分的和正确的信息,从而做出正确的选择。

【思考与练习】

一、重要概念

市场失灵 垄断 寻租 外部性 科斯定理 公共物品 不完全信息

二、单项选择题

1. 市场失灵是指(　　)。

A. 在私人部门和公共部门之间资源配置不均

B. 不能产生任何有用成果的市场过程

C. 以市场为基础,对资源的低效率配置

D. 收入分配不平等

2. 由于垄断会使效率下降,因此任何垄断都是要不得的。这一命题(　　)。

A. 一定是正确的　　　　　　　　B. 并不正确

C. 可能是正确的　　　　　　　　D. 基本上是正确的

3. 如果一个人消费一种物品而减少了其他人对该物品的使用,可以说这种物品是(　　)。

A. 公共物品　　　　　　　　　　B. 排他性的

C. 竞争性的　　　　　　　　　　D. 以上都不对

4. 某种经济活动有负的外部影响时,该活动的(　　)。

A. 私人成本大于社会成本　　　　B. 私人成本小于社会成本

C. 私人收益大于社会收益　　　　　D. 私人收益小于社会收益

5. 在正的外部影响存在的情况下,(　　)。
A. 私人成本大于社会成本　　　　　B. 私人成本小于社会成本
C. 私人收益大于社会收益　　　　　D. 私人收益小于社会收益

6. 下列物品最有可能是公共物品的是(　　)。
A. 公海上的一个灯塔　　　　　　　B. 国家森林公园内树上的果子
C. 故宫博物院内的国宝　　　　　　D. 大熊猫

7. 被称作外部经济效果的市场失灵发生在(　　)。
A. 当市场价格不能反映一项交易的所有成本和收益时
B. 当竞争建立在自身利益最大化的前提下时
C. 当厂商追求利润最大化目标时
D. 当市场不能完全出清时

8. 当正的外部影响存在时,市场决定的产量将会(　　)。
A. 大于社会理想产量　　　　　　　B. 小于社会理想产量
C. 等于社会理想产量　　　　　　　D. 都有可能

9. 如果在一个市场上,一种商品相对社会最优产量来说,处于供给不足时,这说明存在(　　)。
A. 正外部经济效果　　　　　　　　B. 信息不完全
C. 负外部经济效果　　　　　　　　D. 逆向选择

三、思考题

1. 什么是市场失灵?市场为什么会失灵?
2. 垄断为什么会造成低效率?
3. 什么是外部影响?它有什么坏处?
4. 公共物品与私人物品有什么不同?这种不同有什么后果?
5. 什么是信息的不完全?它对经济效率有什么影响?
6. 你怎样看待科斯定理?它在什么样的情况下有用?

参 考 文 献

[1] 高鸿业,等.微观经济学原理[M].2版.北京:中国人民大学出版社,2016.
[2] 平新乔,胡汉辉.斯蒂格利茨《经济学》第二版导读[M].北京:中国人民大学出版社,2001.
[3] 宋承先.现代西方经济学[M].2版.上海:复旦大学出版社,1997.
[4] 梁小民.西方经济学基础教程[M].2版.北京:北京大学出版社,2003.
[5] [美]曼昆.经济学原理微观经济学分册[M].梁小民,梁砾,译.北京:北京大学出版社,2015.
[6] [美]哈尔·R.范里安.微观经济学:现代观点[M].费方域,等译.8版.上海:格致出版社,2011.
[7] 吴志清.经济学基础[M].2版.北京:机械工业出版社,2016.
[8] 冯金华.经济学概论[M].上海:复旦大学出版社,2003.
[9] 秦大河,张坤民,牛文元.中国人口资源环境与可持续发展[M].北京:新华出版社,2002.
[10] [美]夏普,雷吉斯特,格里米斯.社会问题经济学[M].郭庆旺,应惟伟,译.13版.北京:中国人民大学出版社,2000.
[11] 余永定,张宇燕,郑秉文.西方经济学[M].北京:经济科学出版社,1997.
[12] 盛洪.中国的过渡经济学[M].上海:上海人民出版社,1994.
[13] 吴光华.经济学原理[M].南昌:江西人民出版社,2004.
[14] 赵凌云.经济学通论[M].2版.北京:北京大学出版社,2005.
[15] 张晓华,王秀繁.经济学基础[M].北京:机械工业出版社,2006.
[16] 方欣.西方经济学[M].北京:科学出版社,2005.
[17] 高鸿业,等.经济学基础[M].北京:中国人民大学出版社,2013.
[18] 高鸿业,等.微观经济学原理[M].北京:中国人民大学出版社,2012.
[19] 高鸿业,等.宏观经济学原理[M].北京:中国人民大学出版社,2012.